U0067263

演出派夫妻治療

潘貞妮　譯

Action Modality Couples Therapy:

Using Psychodramatic Techniques in Helping Troubled Relationships

Joyce Ann Hayden-Seman, Ph.D.

作者簡介

Joyce Ann Hayden-Seman, Ph. D.

　　作者設計並實施促進自我了解和成長的課程，也在心理健康和酒精及藥物濫用的領域中擔任心理治療師和諮商師，督導繼續教育的認證。超過十五年來，她耕耘於心理劇、社交測量和團體心理治療，Joyce 博士，她喜歡被如此稱呼，目前在北紐澤西州執業。

譯者簡介

潘貞妮

學歷：

美國北科羅拉多州立大學諮商心理學博士
（專攻臨床心理治療）
美國新澤西州澤西城州立大學英語教學碩士
美國奧克拉荷馬州飛利普大學諮商與輔導碩士

經歷：

中台醫護技術學院　專任助理教授
美國奧瑞岡州克拉克馬郡心理健康中心　心理治療師
美國北科羅拉多州立大學附設心理診所　心理治療師
國立海洋大學　輔導中心主任
美國新澤西州澤西城州立大學輔導中心　諮商員

現任職務：

道情成長中心、全人關懷中心心理治療師
嘉義大學家庭教育研究所、台中師範學院諮商與心理教育研
究所兼任助理教授

推薦序

　　在一個重視家庭價值的文化中，婚姻應當有堅固的支持基礎，但是對婚姻中的一方做個別心理治療，卻往往讓他們更加地分離。在這些最新的治療方法中，演出的方法帶來希望和保證。讓夫妻的關係能夠更新，不僅使配偶頓悟當初為什麼會選擇彼此、也更確定這樣的選擇。

　　這本書提供所有夫妻面臨錯綜複雜的情境時，所需要的各種觀點，它也點燃了夫妻關係中常被忽略的各種可能性。對於那些致力於探索是什麼造成互動失敗的人，它更是一本不可或缺的參考書，因為它提供了可以讓互動成功，人人可用的工具。

--- Zerka T. Moreno ---

（心理劇創始者 J. L. Moreno 之妻，與 Moreno 一起參與心理劇的工作及著作）

作者序

　　這本書是介紹如何應用演出派的心理治療（AMP）來治療夫妻。我是因為懷疑演出派的心理治療是否能應用到夫妻治療而開始的。因為我找不到實際使用演出派的心理治療來幫助夫妻的研究或文獻，我轉向 J. L. Moreno 一九三〇年代早期的研究，來探索有關心理學、心理治療，和哲學相關的著作及文獻。

　　各種不同的案例被用來說明 AMP 的理論如何應用到夫妻治療。夫妻社交測量的分析，包含在治療過程中所完成的角色分析表和社交原子圖，都呈現在這本書中。治療師的評鑑，包括：晤談的對白、在晤談中治療師的想法，和事後反省的檢討分析，也都包含在裏面。這本書所呈現的演出派心理治療中的社交測量的角色分析和治療的戲劇性過程，都提供了獨特的、有效的方法來治療夫妻。

致謝詞

　　這本書所做的創始性研究，是這類型中的第一個。我要深深地感激那些提供鼓勵與協助以幫助我完成這計畫的許多人。在我研究與發展 AMP 的過程中，我所做的工作經常由兩位這一領域的專家來審閱，他們是紐約市諮詢協會的行政主任 Robert Siroka 博士，以及紐澤西 Ramapo 學院的諮商中心主任 Albert E. Frech 博士。Siroka（1992）建議我把晤談逐字稿分成三欄，並督導我擴大使用這方法。Frech 指導我使用夫妻治療錄影帶的評估工具。為了處理我自己對於做夫妻治療時的反移情問題，我每一週都請紐約市諮詢協會的臨床主任 Jacqueline Siroka 來做諮詢。除了以上這些人外，我還要特別感謝下列諸位：

　　Richard Stuart，提供建議，以及提供我一個量表來檢討我的臨床工作；

　　Nancy Razza、Lawrence Washington、Leo Murillo、Dror Nir 和 Sam Goff，臨床檢視員，她們檢視我的夫妻治療晤談錄影帶，並評分數；

　　John Cook，編輯夫妻治療晤談逐字稿；

　　Angela Kohler，長時間的文書處理；

　　Zerka Moreno（Moreno 的妻子與共同作者），擔任我的顧問及長時間的支持；

Gail Ross Edwards，她的支持、編輯，與友誼；

William McKelvie，她的專業知識、專業指導；

Jean Griffin，她的專業知識、督導，及指導；

以及那些慷慨的、勇敢的、有信心的夫妻，提供我機會來為他們服務，並發展出一個在未來能幫助別人的方法。

譯者序

　　做夫妻治療時，最危險和最失敗的現象是讓這對水火不容、爭吵不休的夫妻，換個時間、空間繼續爭吵那不變的主題，而且治療師及治療師的反應也可能捲進戰場。我個人雖然在國外學過不少有關夫妻治療的理論，並參加過各種夫妻家族治療及心理劇的訓練，但是修改心理劇的某些技巧來做夫妻治療，確實是本書作者獨特的見解，它對夫妻治療的領域提供了一個新的觀點和做法。

　　根據我自己在國外及國內的臨床治療經驗，我覺得這本書最大的優點是將很多抽象難以說明的觀念，如同理心、角色認知等加以具體化，不僅幫助求助的夫妻透過演出對方的言行，感同身受地去體會對方的角色與感受，進而將心比心，得以調整彼此的觀點、想法和關係，同時也幫助治療師和夫妻一起更清楚地看見彼此糾結與互動所造成的影響。

　　沒有一種派別或理論可以解釋人類所有的行為，也沒有一種技巧可以適用所有的夫妻，解決所有的問題。所有的治療師永遠需要不斷的吸收新知，學習新的技巧，以及源源不絕的創意來面對新的挑戰。希望這本書能成為每個治療師的另一把刷子。

　　此外，治療師應該經常檢討自己的技術和治療的過程，並且認真省察自己是否有反移情的現象，這原本是具有專業道德和良心的治療師所必備的基本條件，否則助人者有可能變成害人者。本書的作者能在書中誠實地反省和勇敢、坦白地分享，為我們立

下一個很好的榜樣。

對我個人而言，因著這本書再三強調透過別人自然而然的將自己的想法、感覺形諸於外的呈現出來（也就是 Action 真正的含義），使得自己的心聲被自己、別人及治療師聽見、看見，而再一次頓悟到為什麼空椅子技術是那麼容易令人將情緒流轉出來，因為那也是一種一人演出多人角色的心理劇；遊戲治療中的小孩為什麼需要那麼多道具和場景來玩各種遊戲，因為那是一人身兼導演及演員來演出他們的經驗世界。我也因此更明白，基督徒所相信的上帝為什麼要讓耶穌降世為人，承擔人所有的罪惡和痛苦，體會人一切的愛恨情仇，了解人無以言宣的千萬種哀傷懼怕，因為祂要先扮演過人的角色，才更能感同身受地替人代求。因為人的有限，不可能像神一樣看透萬事，全知全能。面對人心種種，我們必須更加謙卑和學習。

最後，我感謝張陳映美師母幫忙翻譯附錄部分，並耐心仔細的聽我翻譯的錄音帶及打進電腦；也感謝蔡明璇小姐對六、七、九章的協助；以及先生歐滄和（台中師範學院初教系教授）將所有的圖表掃瞄進電腦，並做最後的檢查與核對。

未來，所有有興趣的治療師若使用本書的技巧，而覺得有幫助，歡迎將您的心得寄來分享，也許在再版的時候能夠將它們一併附上，讓更多的讀者一起得到激勵。

潘 貞 妮

Paul.Jenny@msa.hinet.net

（04）2373-1709

台中市西區五廊街 124 號 7 樓之 3

目　錄

演出派
　夫妻治療

第一章

緒論

演出派
　夫妻治療

做為一個心理健康的專業人員，我非常關心現今的治療師們在幫助有困擾的夫妻時所面臨的問題。當一對夫妻來到治療師的辦公室時，許多功能不良的模式，例如小孩子搗蛋的行為、肢體或語言的暴力、醉酒問題，或其中一個配偶的婚外情，都已經產生了。這些模式大部分是經由個人價值、生活型態、性別、角色、雙生涯家庭的壓力等改變所產生的，或和重組一個家庭所造成的壓力有關。內在或外在的角色衝突、角色混亂、角色疲累都是形成配偶一方或雙方功能不良的行為特別強而有力的要素。

我們的社會沒有辦法降低婚姻瓦解的比率。離婚率自從一九八○年代就維持相當的穩定，可以看出男女問題求助的需要：美國今天有二分之一，英國有三分之一以上的婚姻以離婚，而不是以死亡來結束（Stone, 1990）。這些離婚大部分是發生在婚姻的前三年，其中五個人當中有四個最後又再婚。

百分之五十的離婚率（National Center for Health Statistics, 1986）告訴我們，一些促進夫妻關係的專業技巧是有需要的。夫妻想要有成功的婚姻關係，卻不知道如何能夠有效的溝通和彼此相愛。要維繫一個美好的婚姻關係需要將自己和重要他人有所區隔（Karpel, 1980），而且要知道有效的方法來開放自己。這包括對婚姻關係的承諾和知道如何有效的溝通（Sager, 1976a），例如衝突的解決、要求和給予資訊、傾聽和了解對方的回應（Weakland et al., 1974）。

演出派的心理治療（Action Modality Psychotherapy, 以下簡稱AMP），是透過交換回饋來讓配偶有機會去發現不曾意識到的恐懼或信念，並且表達影響他們成長的障礙（內在自我的和人際關

係的），同時也鼓勵他們擁有新的而且深入的關愛技巧。AMP是
一個認知的方法，它可以被各種不同派別的治療師所使用，特別
在處理夫妻問題的時候，會是一個寶貴的工具。

　　這本書談到夫妻治療所遇到的問題，是察看夫妻在試著要尋
找或維持親密關係的時候所用的模式。當我研發這個方法的時候，
因為找不到相關的文獻，我開始開創、發展，和用一種實際的、
獨特的方法來做夫妻治療，是用演出的方式來看出深藏而迷惑的
因應模式。我在治療夫妻時所用的AMP，指的是一種方法，可以
用來幫助夫妻了解他們所扮演的角色，因此能增進和維繫一個美
好親密的關係。不管是部分或完全地使用這個方法，治療師幫助
配偶發現他們可以從所扮演的角色中解脫（角色的改變可以避免
筋疲力盡），並且了解扮演過多角色或過少角色所帶來的挫折感。
AMP是一個自然而然而且充滿創意的心理治療，可以幫助夫妻再
一次經歷他們生命中的情境，回憶和重建他們的夢想。透過
AMP，夫妻能夠頓悟並且產生對他們配偶的同理心，並且學習到
新而有效的關愛模式。這本書提供一些治療過程的案例來說明用
AMP來做夫妻治療的深入應用。

　　大部分的人在結婚的時候，並沒有受過婚姻成長或有效溝通
的教育或訓練，他們相信婚姻本身，就有能力讓他們不用努力就
可以獲得十足的滿足。我們的社會相信男人女人結合為一體的關
係，就形成有如Moreno（1939）指出的，不斷尋求「關係中的另
外一半」（p.114）。每個人，因為他或她喜歡和想要取悅他或她
的配偶，通常會認定他的配偶有超自然的能力和能為對方的幸福
負責任。當了解到一個好的關係，最重要的條件是保持自我的完

整，和不斷的自我成長，就會大吃一驚；因為大部分的人想要去改變他們的配偶，而不是他們自己。

　　配偶需要學習如何保持他們第一次約會時的自發性，而且持續地將他們關係中的獨特吸引力或化學要素不斷的重整。他們所扮演的角色中，促進他們關係自然而然和充滿創意的部分，必須發生作用。配偶各自從自己父母的婚姻或是關係中學來的相處技巧，必須轉換成夫妻愛的關係，彼此不給對方壓力，而且盡量地付出。Moreno（1946）認為，婚姻具備「規則的性向，而且透過重複，發展成慣性」（p.120）。因此每個人不需要徒勞無功地去改變他的配偶，應該專注在自己身上，朝著關係的平衡與改變的方向邁進，才不會用狹隘的眼光來看配偶。

　　根據 Linton（1936），第一次婚姻的問題是「大多數的人不喜歡他們自己，期望別人來幫忙，因為他們沒有勇氣做任何的改變」（p.490）；第二次婚姻的特色是努力，夫妻會比較努力來使他們的婚姻關係成功（Stuart and Stuart, 1985）。影響婚姻穩定的要素包含配偶彼此的年齡、教育的程度和收入的多少（Norton and Glick, 1979）。不管是第一次或第二次的婚姻，結婚的主要原因似乎是一樣的——愛（Rollin and Feldman, 1973）。大多數再婚都是在九年內發生的，通常很快的再婚是一種逃避自處的現象，就像那些青少年的婚姻一樣。

　　在十九世紀末，心理分析學派誕生的時候，強調個人需要平衡的概念變得很重要。這時候 Freud 生理和潛意識的分析理論正在流行，他的心理分析作品《夢的解析》（Freud, 1900）在精神醫學界被廣泛的強調。在同一個時間，一位更年輕的，具有革新

演出派
夫妻治療

精神的精神科醫師 J. L. Moreno 在維也納開業，他不受到新興風潮的影響，他不同意 Freud 的理論，主張意識，而非潛意識，才是治療所應當關注、聚焦的領域。他鼓勵「此時此地」的做法。Moreno 說明他給他的病人有勇氣再做一次夢，這和 Freud 強調用夢的解析來探索潛意識的領域是很不一樣的。後來，一九四六年他從維也納搬到美國之後，他說：「我教人透過心理劇來扮演上帝」（p.6）。在那個階段，Moreno 在著作中把他的精神科治療方法稱為「心理劇」，希臘文的翻譯是「將心靈演出來」。由於他那有點叛逆的個性，使他不被他的同事們所認同，不管他在心理學的研究上做了多少貢獻，他始終沒有受到表揚（Hollander, 1983）。

Moreno（1966）探索和評估人與人之間的關係：某些人是如何讓精力交流，不僅受到鼓勵，而且讓關係充滿了活力和自發性。當人失去他們的「S」（spontaneity or life force，自發性或生命力），他發現他們會感到焦慮或者被隔離。他發展心理劇，他認為就是要釋放被阻礙的「S」。

早期 Moreno 嘗試要衡量評估一個人的自發性。他發現，評估人與人之間的自發性，可以進一步的發現錯誤選擇模式（角色選擇）的形成，會削弱他們的自發性。這種人與人之間化學作用模式的發現就被稱為社交測量（Sociometry）。他理念的基本架構就是社交測量，也就是選擇什麼樣的人和為什麼選擇他們，可以察驗出自發性的形成與作用。他的心理劇（1953）是根據社交測量的理念發展出來的，社交測量是用描述的方法來解釋和說明人際關係，以及他們在特別的角色中接納和拒絕的程度。至於這本

書使用 AMP 這個名詞,而不使用心理劇,是因為後者的概念主要是指 Moreno 在團體治療中所做的。

　　為了我們的目的,夫妻這個名詞在這本書中被定義為一種人際關係,其基本的目標是彼此的關懷、責任、了解,和尊重,為的是維持互相的感恩與相愛。從這個觀點看來,夫妻是很親密的朋友,彼此相繫,而且為自己和對方的好處著想。就像 Fromm(1956)所說的:「渴望人與人之間的相融合,是人類最強而有力的奮鬥」(p.18)。

壓力對夫妻的影響

　　在壓力之下,伴侶們會感受到他們相互容忍的程度降低,而且變得注意外在的一切。人們很容易在有壓力的時候變得把焦點放在他們的重要他人上,而無法把焦點繼續放在自己的內心,他們會試圖改變他們的伴侶而不是他們自己。當壓力升高,而且繼續一段時間後,那種因為失業、親人死亡、孩子出生、生病,或某種危機所產生的焦慮,會使得自我的重心失去平衡(Lerner, 1989)。對一個人通常所用的因應技巧而言,這些額外的壓力源,會造成難以負荷的重擔。在這種情況之下,他或她的自發性/創造性,或彼此的相繫,就會像Moreno(1966)所描述的,沒有發洩的管道,精力就好像被困住了,沒有出路的結果就轉變成焦慮。焦慮的時候,有些人就會過度的表現。他們覺得自己對別人或所有事情都有責任。他們被他們的感覺所驅使,他們想要嘗試去控

制他們的焦慮，就會不經思考地反應或行動。當想要降低焦慮變成了當務之急，焦慮會磨損他們的互動。一個很久以前的經驗，通常是來自原生家庭的一個心結，就會變成埋在他們倆狀況下的一個衝動。相反的，另外一群人在感覺焦慮或有壓力的時候，他們的精力就會轉變成愁苦、疲倦，或呆滯。焦慮在心中時，會讓他們變成動彈不得，或表現得冷漠和被動。反應模式的不同通常會吸引和你做法表現相反的人（Moreno, 1977）。這些相異點雖然在最初時被視為相吸的點，但後來就會轉變成挫折或疏離。

　　一般而言，已婚的人比單身的人經驗到，也認定自己有較多的快樂；在快樂這個項目，已婚的人得到最高的分數（LeFrancois, 1984）。所以，難怪不曾結過婚的美國人少於百分之五。

　　一對飽受壓力的夫妻用上面所描述的其中一種方式來表達焦慮，通常在他們的焦慮已經使他們的關係無法負荷的時候，來尋求治療，往往有以下其中一種問題：夫妻吵架、小孩有問題，或者一些相關的問題像性生活不協調或外遇（Lerner, 1989）。夫妻沒有辦法處理這類的問題，因為他們的關係在壓力之下，已經變成傷害性的互動模式。「只要兩個人之間有爭執性的感情存在，心理困擾就存在」（Moreno, 1946, p.236）。夫妻想要改變毀滅性的互動，就會來尋求夫妻治療。

　　當然，夫妻若想要追求更滿意的關係，也會尋求幫助，找夫妻治療師來解決他們之間的衝突。因此，在過去二十年的心理健康領域，夫妻治療就變成一個很重要的心理治療策略（Gurman, 1978）。不過現代的夫妻治療，並不是像心理分析一樣，是由一個創始者發展出一個新的治療理論，而是為了因應夫妻治療需求

的急速成長，而有各種不同治療師和派別，如雨後春筍的同步發展。

然而，AMP已經從理論發展到應用。透過彼此的回饋，AMP幫助配偶有機會來發現潛意識的觀念、信念，或阻礙他們成長的經驗（內在的和人際的），也鼓勵他們發展新的技巧來彼此相繫。心理治療師，不管是用哪一種派別來做治療，在幫助夫妻的時候都能夠發現他們可以創意地應用所有的技巧。

這本書所談到的和後面所呈現的案例（參考第六章），都是AMP理論的說明和應用，它對心理學領域和夫妻治療提供一個特別的貢獻。

紀伯倫（Gibran, 1927）在他《先知》一書中描述婚姻的概念：

> 什麼是婚姻？你們兩個人雖然在一起，但是有空間，而且讓天空的風在你們當中起舞；彼此相愛，但不是黏住對方彼此束縛；在靈魂的兩岸之間，寧願是波動的海浪；滿足彼此，但不要同飲一杯；彼此分享麵包，但不必非吃同一條不可。一齊唱歌跳舞一起歡樂，但是讓你們彼此有獨處的時候；獻出你們的心，但不要把自己的心交給對方保管。（p. 16）

做為一個夫妻治療師，我用紀伯倫的話做為指南，來幫助夫妻平衡自己和對方的關係。

演出派
　夫妻治療

第
二
章

訓練夫妻治療師
的重要性

演出派
　夫妻治療

夫妻治療的需要增加

　　雖然電視、電影，和流行音樂不斷的強調男女關係衝突的戲劇性——尋找到愛、失戀——人們依舊追尋永恆而滿足的關係。我們很難去計算到底有多少的男女關係持續下去，或者是多少關係在困擾中，或已瓦解；因為只有當關係是終結在法庭上，才會出現在關係結束的統計報告中。有些夫妻保持分居多年，沒有離婚；有些人同居一段時間，後來分手，始終沒有結過婚。因此有多少夫妻關係是以結束終了就沒有辦法真正地統計出來。

　　在美國，同居的現象增加：二十三對夫妻中就有一對同居在一起，不需要麻煩到神職人員的證婚（LeFrancois, 1984），這些人的關係結束，都沒有資料可尋。很多人喜歡同居勝於結婚，因為法律上的要求和規定是不同的，或者因為伴侶想要親密關係和友誼，卻不想要長期的承諾，或者因為婚姻必須延後，或者因為同居提供一個嘗試的階段。所以夫妻治療師可能幫助那些以前結過婚的夫妻，或者那些沒有選擇結婚做為強化關係的人；這些人可以看出是充滿了痛苦或失落。

　　許多人在結束關係的時候感到失落和痛苦，這是在統計上看不到的。對大多數人而言，有一個成功的關係是最重要的，但是大多數的人卻不容易做到。這種需要外在第三者的協助不斷地成長。雖然有很多人相信如果他不結婚，也許同居或只是約會，那他就能避免結束婚姻的痛苦；但是夫妻治療師並沒有看到這樣的

信念實現，他們常常需要幫助那些沒有結過婚的人來結束他們的
關係。

婚姻是有意義的

　　進入婚姻是生命中最受爭議的決定。治療師必須了解現今夫
妻關係的價值和改變。婚姻不再是一個神聖的約定：它是一個經
濟上的選擇，對兩性有不同的意義。對婚姻的期望愈高，兩性的
關係就愈加困難。婚姻的開始和結束都是一生中最重要的，而且
最會引起爭端的事件。

　　兩人如何選擇對方（他們如何相遇），他們的問題什麼時候
開始的（不和諧的開始），他們在關係中所形成、所選擇的模式
（他們的社交測量），對夫妻治療師都是很重要的。下面所要探
討的就是這三個重要的主題。

主題一：選擇一個伴侶

🔲 依附的特質

　　今日選擇伴侶的過程，可以概括成四個特質：他們的平等性，
各自從他們的親戚中離開，他們婚姻契約中的個別性，和逐漸強

調的親密性（Glick et al., 1987c）。雖然讓夫妻能夠在一起的吸引力，在程度上每對夫妻都有所不同，但還是可以從下面的項目中描繪出來：接受和付出關心，友情和伴侶的關係，歡樂和性，做決定和委身，以及社交網絡（Grunebaum, 1976）。

選擇的各個層面

願意彼此委身，最基本的是愛。Fromm（1956, p. 86）指出：「只有當兩個人從心靈的深處跟對方溝通的時候，才有可能彼此相愛」。Murstein（1974）認為在未來，婚姻會是兩個地位平等的人，懷著以個人為中心的愛互相呼應，但是帶著更大的期望，特別是性事上的滿足。因為現在人活得更久，而且住在人口更密集的地方，他們有更多的機會來更換伴侶，而且更加重視休閒活動和自我的滿足。今天在這個國家，伴侶的選擇主要是個人自己的決定。我們在選擇伴侶時，通常是選擇相同的種族、宗教，和社經背景，而且有意無意中，傾向於選擇一個和我們自己很相似的伴侶。選擇一個伴侶的可能原因是很多的，因為他們是在許多有意識和無意識的理由中被選出來的。就像 Moreno（1975）所說的，我們並不一定選擇那些容易相處的人，也不一定能得到我們想要得到的人，當然我們也永遠無法得到所有想要得到的人。而且，我們傾向於選擇我們理想中的形象，那種和我們的母親相似的形象（Adler, 1964）。Schulz（1981）描述選擇的過程，包含三個基本的階段：刺激的階段（重要的身體外在吸引力），價值階段（探索彼此的特質），和角色階段（滿足彼此角色期盼的過

程）。伴侶的選擇過程中，最初的階段通常比後來的階段容易得多，因為當我們戀愛的時候，都會有盲點。不過，在早期付出和給予的關係中，所形成的角色期盼，奠定了未來所有角色互換的基礎。

年齡影響今日的婚姻

能夠滿足伴侶情感上、心理上、知性，和身體的需要，夫妻的關係才能夠滿足（Bowen, 1971-72）。配偶對他們的伴侶表達任何持久的感情，是夫妻應當遵守的第一守則（Rogers, 1975）。配偶任何一方壓抑感情都會破壞關係；「伴侶合夥的關係是一個持續的過程……建造、重建和透過彼此個人的成長來更新」（p. 129）。

Glick 和同事們（1987a）談到婚姻對不同年齡層有不同的重點。十八到廿八歲之間的，婚姻包含尋求一個替代的父母。廿二歲到廿八歲的，婚姻是為了符合某些社會的期望，例如：固定的性關係、離開家，或者依賴一個替代的父母。在廿八到卅四歲這個年齡層，婚姻通常要評估是否能支持個人的事業期望。婚姻不滿意的最低點，通常是一般人的卅幾歲快四十歲的時候，在那之後，四十多歲愈往上升，也就是婚姻的滿足和幸福增加。五十幾歲的婚姻，目前並沒有研究資料。

婚姻的第七年通常被認為最重要。充滿理想的期望已經筋疲力竭，幻想其他的伴侶和單身都被考慮到。

🔳 內心的準備

　　婚姻的內心準備包含三個任務：(1)將自己預備好，接受丈夫或妻子的角色；(2)將自己從那些和婚姻關係競爭，或干擾的親密關係中脫離；(3)改變滿足的模式，來適應新建立的關係。Moreno（1969）建議夫妻應當評估自己的角色，這是一種未來要當伴侶的人可以用的技巧，也就是看看彼此「能否扮演婚姻關係中所要扮演的各種角色」。下面的這些婚姻中的角色是被認為相當重要的：「供應者、情人、母親／父親、伴侶、主人／女主人、批評者、崇拜者、情感的同伴、知性的同伴、管理家務者、室友」（p. 9）。每一個伴侶形成愈多、愈彈性的角色，在婚姻中的各種情境就愈能夠擁有自發性、創造性，和適應性。

　　婚姻預備的特殊任務包含：建立配偶的認同感，性事上互相滿足的逐漸調適，創造一個有效的溝通系統，有關親戚關係、朋友、工作，和做決定的模式都應當取得共識，而且對婚禮和蜜月有特別的計畫（Duvall, 1967）（Rappaport, 1964）。所有這些婚姻中的任務，都需要把每個人所應當扮演的角色說明清楚。

　　親密關係需要角色的清楚界定和說明，因為夫妻關係在生命的不同階段和透過內在以及人際外在的空間距離繼續成長（Schnarch, 1991）。當親密關係增加之後，會渴盼和期望配偶的認同，但是長期婚姻關係的親密基礎是自我的肯定與認同（Schnarch, 1991）。一個界限分明的人，雖然對別人有興趣而且被吸引，但是並不依賴別人的接納和贊同。這些過程包含自我質

疑，和在配偶面前開放心靈的深處。相同的，性關係的親密，也就是個人性慾的熱情表達，是用性來開放內心的真誠自我，也是不需要別人的接納或者贊同的。

☯ 愛情關係中男女的差異

雖然有很多的書，寫到女人的經驗和愛情觀，而且女人被認為是比較注重愛情，被愛情所佔據，事實上男人比女人更加地羅曼蒂克。男人比女人更容易更早墜入愛河，而且比女人更把愛情視為婚姻的主要條件。雖然男人比女人還容易墜入情海，而且把羅曼蒂克的愛看得比女人還重要，但他們卻比女人更不容易表現歡愉或表達感情，因為他們很小的時候就被教導不能隨便把感情和感覺流露出來（Pollis, 1969）。男人還有一種傾向，就是對愛情有恐懼，害怕愛情會奪走他們的獨立，而女人則被教導要控制她們的感情。女人比男人更加的實際和現實。她們選擇伴侶傾向於找一個很愛她們的人，而且非常的重視男人的社經地位，遠遠勝過男人重視女人的社經地位。在羅曼蒂克的關係中，女人實際上要不是得到，就是失去更多，所以她們較容易將她們的選擇理想化。Pollis 也注意到女人比男人少和她們所愛的人結婚。她們未來丈夫對她們的感情比她們自己的感覺更重要。男人比較注重他們的事業，而女人非常注重她們選擇什麼樣的伴侶。

主題二：不和諧的開始

關係的劇本

我們的社會沒有辦法降低婚姻的瓦解率。婚姻的不和諧是社會問題，需要夫妻治療師不斷的研究和評估。

婚姻的不和諧最常發生的原因是選擇不適合的伴侶（社交測量），而理想的衝突只有在選擇外遇或離婚的時候才看得出來（受過訓練的眼睛）。根據 Schulz（1981）的研究，在美國，婚姻為什麼改變和離婚，有六個重要的理由：宗教影響力的逐漸衰退；避孕和汽車的大量使用；我們社會反人性現象的增加；就業市場的多樣性；更多職前訓練而要求逐漸增加，延後了婚前的階段；以及人口的改變。因為這些問題，我們現在對於婚姻伴侶和婚姻本身的期望也已經改變。

研究現代婚姻生活的大多數社會學家和心理學家談到，人們對婚姻的期望和實際上得到的有很大的差距（Moustakas, 1972; Norton and Glick, 1979; Olsen et al., 1983）。婚姻的伴侶發現很難維持幸福快樂的愛情，因為他們的期望太高。現在大多數的人通常和親人的關係較疏遠，因此就格外的依賴他們的配偶，而不是靠一個大家庭，來滿足情感上的需要。對婚姻的期望愈高，婚姻就愈難成功，尤其當配偶期望婚姻不只來滿足他們個人的需要，

而且要滿足許多社會性的需要時（Schulz, 1981）。讓配偶來討論
他們之間期望的落差，不一定會帶來良好的調適，在這裏良好的
調適被定義為一個人的行為和另外一個人的期望取得協調，也就
是完全接納這個行為（Ackerman, 1958, 1966, 1982; Adler, 1964;
Cutler and Dyer, 1973）。光是愛情不足以維持關係的成長。通常
外界的協調和幫助也是必須的。

🍃 兩性對婚姻調適的看法不同

　　根據 Cutler 和 Dyer（1973）的研究，女人認為婚姻當中扶養
孩子的階段，是婚姻生活中最困難的一段時間，而男人則認為婚
姻關係的本身比婚姻的任何一個階段更具有挑戰性。雖然有關婚
姻調適的研究很少，男人在遇到問題的時候，似乎比較是一種等
著瞧的態度。相反的，女人如果相信她們的期望有落差的話，通
常會說出來。談到經濟問題，一般而言，發現男人比較能開放地
談期望上的落差，但是比較不能開放地談性關係上的親密，而女
人是對於和家庭照顧和付出時間這類的問題感到比較困難（Cutler
and Dyer, 1973）。事實上，親密關係的起伏是建立在伴侶關係的
變化和轉變、個人的自我發展，和更大的家庭系統上。

🍃 幻想的世界

　　一個不快樂的婚姻常常是兩個或其中一個伴侶，在從小到大
發展成熟的過程中有所欠缺，有所困擾的結果。（配偶的心理投

射現象是很常見、很普遍的心理防衛機轉。當一個人在配偶的身上看見自己身上不能接納的特質和行為的時候，這種現象就會發生。一個人不被接納的行為或思想，通常是他意識清楚的時候所不願意擁有的，這會產生錯覺，懷疑在別人的身上有這些思想或行為。夫妻的角色探索，就能很快的指出這種功能不良的現象，同時證實古老的格言，我們會在別人的身上看到我們所不願意擁有的特質。）因著童年的缺憾，這些人心理上是非常飢渴的；他們掙扎著不願意承認他們的需要，相反的，把他們的飢渴投射到他們的配偶身上。「幻想和現實之間的缺口」是那些童年受到剝奪的人所常經歷到的（Moreno, 1946, p.72）。無法與自己的宇宙合而為一的缺憾，導致他們飢渴的追尋。這些人形成兩個世界，一個幻想的世界和一個真實的外在世界，永遠無法彼此協調。為了在殘酷的現實世界中保持這些幻想，這些人在他們生命的早期就形成了盲點，而且不惜一切代價地維持。（兒童為了因應這個殘酷的世界而創造出來的幻想，使得盲點和自欺長存。配偶需要學習在他們的幻想跟現實的世界中架起橋梁。如果其中一個配偶在幻想的世界中用了太多的精力，他們的關係就會變成一個極大的失望。另一方面，如果其中一個伴侶在現實世界中用太多的精力，他們的關係也會窒息。）特定對象的得不到，戀父、戀母情結衝突的無法解決，就會被幻想的母親或父親所取代。他們花時間來尋找一個會成為完美母親或父親的配偶；若所選擇的那個對象又是得不到，他／她就顯得更加的可愛（Strean, 1980）。一旦這個人得到所愛的對象，這個對象就失去了魅力，深深的失望就油然而生。一般人和這種失望掙扎，例如：通常他們覺得在家中

很受到限制，因為他們把他們婚姻中的配偶視為父母親的形象。

Strean 認為，結婚的夫妻會想要離婚，只不過是想要逃避的一種普遍現象。這種幻想逃避的發生，通常是因為夫妻中一個人期望他或她的配偶成為父母形象的化身，也就是無所不給、無所不知，和無所不預備。想要逃避，自然會造成婚姻關係的不正常，而且會破壞親密的能力。

尋找

我們尋找一個理想的伴侶，也就是一方面和我們的父母相像，而且彌補我們被壓抑的角色，或者其他角色（潛意識裏面對異性的形象），也就激勵我們形成一股動力，想要去滿足這種飢渴。在這種羅曼蒂克愛的過程中，我們想要與人相繫相契合的渴望，有時候會被降低到只是簡單的、潛意識的想要與人相遇相交在一起。

親密

親密是夫妻關係中彼此更深入互動的一種過程。「一個人在早期發展中學到的語言互動、共同經驗，會反映在他／她與配偶的關係上」（Moreno, 1946, p.61）。例如：一個女人在她丈夫看電視的時候，退縮到一旁。她的退縮，保護她不必去探索她自己的無助、渴望被注意，和親密的需要。她不知不覺地感受到丈夫情感上的疏離，因為缺乏自主性——她太少，而他太多——所以

她用批評他來保護自己。大多數婚姻的不協調都可以看到這種親密上的困難，不管是開始選擇配偶的時候，選擇的過程，社交的能力（Moreno, 1937a, 1940, 1945a），或者兩人關係開始形成時彼此的互動。

當我們一方面能保有自己的特色，一方面有能力了解自己和了解對方，這才是真正的與對方相遇（看第五章的角色互換），也才是成功與人相繫的關鍵。〔角色的互換是 Moreno 在一九一五年所發展出來的。每個配偶先透過對方的眼睛來看世界，有了這個經驗之後，再透過一個全新的角度來看事情。若想要成功地掌握彼此相處的能力，夫妻必須發展出AMP（參考第五章）最初的幾個階段〕。

糾結

若缺乏彼此相處的技巧，夫妻就會常經驗到糾結（enmeshment）。當配偶之一或兩個人都失去他們的自我感，這種現象就會發生。他們因為沒有辦法維持足夠的界線，就與配偶成立一個股份公司。兩人之間沒有界線的配偶，他們會把對方看成和自己很相像，並且有相同的需要和欲望。他或她所抱怨的那個問題，通常是不知不覺想要保護自己和痛苦隔離或遠離痛苦的一種方法。例如：配偶有失落或被遺棄的問題，所用的因應方法是說：「只要你以愛我來回報我，我會為你做任何事情。」這雖然是不成熟，但這句話表示出想要和伴侶擁有共生關係的強烈渴求。一個把自己的有限表達出來的人，會在某些時候變得非常地沮喪，因為他

或她所幻想的對象可能是得不到的。一方面沒有辦法有自主性，另外一方面又覺得遲早會得到這種共生的關係，這種依賴的人就會不斷地嘗試和努力，因此就變得更加地自我犧牲，而且沒有辦法信賴他／她自己（Strean, 1980）。

不合的夫妻

　　沮喪而不合的夫妻通常都有一段很長時間的溝通不良（Watz-lawick et al., 1967）。他們沒有辦法分享，或把他們所經驗的事情表達出來，以便讓他們的配偶了解或真的知道他們的觀點。

　　Strean（1980）提到，許多婚姻中的衝突透過負面戀母情結的動力就可以比較了解，而戀母情結的概念是Freud（1905）所發展出來的。通常這種衝突在青少年階段就已表現出來，也常被誇大，在後來的兩性戰爭中也完全的顯露出來。戀父戀母情結的衝突來自一個人對和自己不同性別的父母會有的欲望。轉化的戀父戀母情結在婚姻中是很突出的，同時人際關係的衝突動力也會暴露無遺。小孩或是大人沒有把無法化解的憤怒宣洩為「我要我的母親（父親）」或「我必須摧毀我的父親（或母親）」，這個孩子把他／她的憤怒轉化為一種內在的聲音，「如果你有亂倫或兇殺的意念，你就是一個壞人，現在立刻停止」（Strean, 1980）。因此，對配偶的性感覺就被否定或推翻。Moreno（1947, 1969）把這種現象視為情感自然流露的一種障礙。察驗夫妻之間的相繫關係，他們的化學作用，和他們的角色關係，都可以看出是什麼阻礙了他們彼此自然而然的相對待。就像他所說的，「夫妻的關係和隨

之而來的角色，要不帶來新的滿足，要不就是新的痛苦」（p. 344）。夫妻關係中的角色功能和其中的關係是很複雜的。每個人在某些角色上都能很成功的和別人建立關係，但是在其他的角色上卻彼此對抗。

Rubin 提到，婚姻的最大殺手就是缺乏個人的成長，例如：新角色的不斷形成（Rubin, 1979）。Burgess 和 Locke（1945）曾提出婚姻成功的八大標準，它也是過去六十年來評量婚姻的一種標準：堅忍、社會期望、人格發展、互相作伴、幸福快樂、滿足、適應，和統整。很多人相信外遇是因為婚姻的不成功；不過也有可能只是夫妻不想成長。

外遇

外遇是婚姻舞台上很複雜的舞步，它可以成就或破壞一個婚姻。這也就是說，隱藏在外遇事件中的意義，對於治療師永遠是很重要的。有些時候，夫妻治療師必須處理正在進行的外遇事件，或是外遇之後的狀況。根據 Lawson（1988）的研究，現在結婚後發生外遇的時間比以前還早。他指出，第一次結婚的人當中，有三分之二的女人和一半的男人在婚姻的頭五年就有了第一次的外遇。Brown（1991）說保守的統計指出，百分之七十的婚姻在某個階段都曾有過外遇，這些外遇通常是因為婚姻的不滿足而發生的；女人比較容易因為在婚姻中得不到情感上的滿足而轉向別人，而男人比較容易因為在性上面得不到滿足。婚前就發生性關係的人比較容易在婚後有外遇（Atwater, 1982），而比較年輕的女人

演出派
夫妻治療

在結婚十二年或不到，就容易和丈夫以外的男人有外遇。不過，在結婚二十年之後，男人比較容易去尋找外遇（Lawson, 1988）。治療師有必要了解結婚的人會有外遇的原因。以下的這些理由（Brown, 1991）都可能導致外遇：

1. 把愛跟慾望區隔和分開。
2. 相信他們的需要沒有辦法由配偶來滿足。
3. 和一個可靠但是無聊的伴侶結婚，而想向外尋找刺激。
4. 為了經濟上的安全感，他們相信必須要抓住婚姻，但是卻向別人尋找愛。
5. 和伴侶已經不再有愛，他們害怕婚姻結束的時候，會因此失去跟孩子的聯繫。
6. 想做一些事來引起配偶的注意，只為了想知道配偶是否真的在乎。

根據 Strean（1980）的研究，雖然姦淫的關係通常被視為用慾望去和別人產生聯繫，一直到最近，有關姦淫關係的研究才比較傾向道德性而非分析性。從分析的觀點，一個婚外情的外遇是一種不想有共生依賴的方法。另外，Strean 提到從他的研究中發現有許多不同方式和不同階段的不忠實。會追尋婚外關係的配偶，有三種比較流行的類型：(1)那些認為自己的婚姻是非常挫折的配偶，(2)因為地理上的分隔，覺得自己的婚姻好像中斷的配偶，和(3)那些不能夠接受一夫一妻承諾的配偶。

Alice（1960）發現外遇有下面一些意義，包括：

1. 我要讓你注意我（避免衝突）。
2. 反正我不需要你；我要尋找別人（避免親密）。
3. 因為空虛而逃離（在性事上有外遇）。
4. 我不能再跟你住下去或不能沒有你（空巢）。
5. 幫助我奪門而出（逃走）。

Brown（1991）在研究婚外情的動力時，發現姦淫並不一定是偷偷摸摸的。他表示有相當多的配偶說出他們的外遇關係，而他們的配偶也合作，願意在外人面前維持假象。Murstein（1974）提到還有一種健康的外遇者，是那種無所求，而且也不是無法自拔的配偶。他或她並不需要外遇的事件，也能沒有罪惡感的接受外遇事件。

上面的這些可能性會是有意識的或無意識的。當一個配偶能夠把對方的外遇事件視為問題的一部分，他們的婚姻關係就有極大的可能會延續下去，而且變得更堅固。當犯錯的伴侶能夠把事情看為他們自己責任的一部分，通常他們會發現以下的其中一種情形已經發生了：

1. 他們忽略他們伴侶的需要。
2. 他們對於關係中的警告訊號有盲點。
3. 他們對於在某些時候和伴侶有情感上或性方面的關係並不很在乎。
4. 他們沒有興趣做一個情人，和／或對自己的伴侶提供安全

感。

沒有發生性關係的婚外情，就算是非常柏拉圖式的，通常還是會隱藏著性的要素（Strean, 1980）。很多治療師相信任何延續的婚外關係，不管有沒有發生性關係，通常是想要逃離婚姻。

當夫妻察覺到外遇事件，丈夫和太太如何反應和如何解決衝突的動力是相關的，從想要謀殺的憤怒、報復、自殺的幻想、到非常激動，之間往往有很大的不同（Strean, 1980）。儘管有很多的機會可以發現三角關係，人通常很掙扎地要去避開那種覺察配偶已經涉入的第六感。外遇事件之能夠延續多年，其中一個理由是因為那個被背叛的配偶在不知不覺中配合。當那個被背叛的配偶終於承認發生了什麼事，而且努力想該怎麼辦時，在治療的過程中去探索，他／她如何不知不覺地幫助配偶是很重要的。他們相信為了活下去，需要擁有而且覺得他們婚姻中的伴侶的確屬於他們，許多配偶因此就捲進三角關係的某一邊或者另外一邊。根據Bowlby（1973）的研究，被母親遺棄（或覺得被遺棄）的小孩會走過一連串的反應，從抗議到痛苦、絕望、再到冷漠。被遺棄的配偶，當他們察覺外遇事件的時候，會表現出類似的反應。最初他／她抗議，然後變得痛苦、絕望，而且不能睡或吃，然後回到他／她一向所使用的因應模式。依賴的配偶會變得更加的依賴；情感上孤立的配偶會變得在情感上更加的孤立；習慣侵略或受虐的配偶就在攻擊和投降之間搖擺。在外遇事件中絕對沒有不痛苦的受害者。

🍃 羅曼蒂克的關係或婚姻的破裂

雖然關係破裂已經變成生命中很重要的一部分，但它沒有真正被探索研究過（Hill et al., 1976）。處理夫妻關係的治療師需要不斷去了解其中一個配偶把不合時宜的關係結束掉的經驗，或者其中一個配偶急急忙忙要去把不合時宜的關係結束掉。

Hill 和他的同事（1979）提到，分手是一個對男人比對女人還要戲劇化的事件。雖然女人主動提出分手的比男人還多，她們通常比男人還少受到分手的影響，尤其是如果她們主動要求分手。男人比較難去相信他們已經不再被愛，而且他們的關係已經結束。分手通常是由那個投入比較少的人主動提出的，雖然一些其他的研究發現，有的時候那些投入較多的人也會主動提出分手，因為投入的代價太大。不過，大多數人都希望把自己看為主動分手的，而且在討論的時候，通常會把自己看為主動者。

當配偶雙方都能夠表達他們的愛，他們的關係通常就會有比較大的機率延續下去。短暫分離似乎能夠增進他們關係中的熱情，但是對於沒有熱情的關係就沒有影響了。同居或常有性關係似乎和關係的決裂沒有什麼相關，雖然大多數的人認為等到結婚才有性關係是非常重要的。

大多數的人離婚是因為，他們發現自己在這個關係中不再能夠自主，因為他們的配偶不能夠容忍、或接納他們的改變。他們通常會用下面的其中一種方法來改變，來滿足他們的需要，並且開始作離婚的準備。Bohannan（1970）把這些方法描述成六種重

疊的模式：情感上的、法律上的、經濟上的、共同當父母、社區，和心理上的；其中任何一個徵兆都是一個漸漸破裂的婚姻可以看得到的指標。

Bohannan還提到，沒有辦法容忍改變，是所有情感上離婚的根源，如果立場已經確定，而且法律文件也已經寫好，重新和好就格外困難。共同當父母的離婚是最持久的——那些有年幼小孩的夫妻，通常會掙扎著採用不得不合作的生活模式，來維繫以後十八到二十年他們共同的親職歷程。

雖然Bohannan提到六種模式中的任何一種都有可能發生，而且彼此互相重疊，但是在離婚的過程中，心理上的離婚通常在不知不覺當中先開始，而且維持得最久，同時也最難結束。雖然配偶可以在心理上先開始分離，但是心理層面的結束往往一直到離婚手續辦完之後，甚至在離婚之後才真正的結束。

我們大部分的人多多少少都會發現，我們自己在重複原生家庭的那些衝突。不論是有關金錢的衝突或者是如何當父母，都有可能染上防衛式溝通的色彩，且大部分是從我們父母的婚姻中學來的。這些錯誤的、熟悉的，和原生家庭的衝突解決模式，都是我們在童年的時候觀察父母衝突中學來的，也是當夫妻被迫解決問題時最先會選擇的。當夫妻不能察覺到他們的衝突是怎麼形成的，或是該如何解決它們，困難就發生了。

需要一些特別的儀式和方法來協助解決衝突，或者甚至短暫的相處來維繫雙方的自尊。例如：夫妻找到一些特別的機會來討論，和重新定義他們的關係會是有幫助的，也就是找一個時間，讓他們可以釐清他們的差異，和共同來決定是否要決裂或是繼續

他們的關係。通常治療師需要去調解或澄清每個伴侶的選擇或觀念，幫助夫妻達到一個互相同意的決定或是同意分居的過程。治療師要朝著調整有夫妻共同體觀念的配偶，將對伴侶的觀點（投射）轉向改變自己。

　　很多時候，夫妻治療師會發現自己是處於一種協助夫妻結束關係的狀況中。AMP 的治療師是一個提供個案教育性的資料，包括對社交測量的解釋，來協助個案順利走過的治療人員。

主題三：夫妻治療中社交測量的重要性

　　目前的心理治療很少使用社交測量（探索個人做的選擇模式）。AMP 採用它的觀念來幫助夫妻。除了 Compernolle（1981）、Hollander（1983）、Chasin 和他的同事（1989），以及 Moreno 用心理劇直接來幫助婚姻的三角關係（1946），只有幾篇南美的文章，Perez Pablo（1975），和兩篇義大利的文章，一篇是 Parenti-Antonella 與 Patriarchi Anaiticia（1987）和另外一篇 Losso Roberto（1977）探索用社交測量或者是用心理劇來幫助夫妻，但到目前為止，後面那幾篇都還沒有被翻譯成英文。

✍ 來電

　　兩個人當中的化學作用就被稱為「來電」（tele），也就是相互之間積極或消極的吸引力／厭惡（Moreno, 1960）。來電被認

為是人類所有關係的基礎，因為它給人帶來察覺、欣賞和彼此之間的感情。不論這關係是運作在社交、行為，和期望的層面，來電都是形成一個人在做選擇時相互吸引或排斥的主要原因。社交測量就是用來測量這種來電的現象，主要是為了發現這些關係，以及造成社交選擇的同質性有關變項和無關變項。

　　來電是根據和什麼有關聯而定義的，而且根據選擇的標準，會因著一個活動和另外一個活動而有所不同。每一個人都正面或負面的和無數的社交關係有關聯。一個人的社交網絡形成他的社交能量和他的社交環境。任何人的社交層面、選擇的目的、選擇的模式，都是從嬰兒期就開始逐漸形成。一個人把情感投注在別人身上的能力，是根據他童年早期情感形成的能力，各種和別人相繫能力的組合。形成一個人能量的某些問題包括：這個人是不是他父母想要的小孩？一旦出生，這個人是否被他的家庭成員接受？這個人在成長的過程中是否被父親和母親所支持？這些選擇的過程形成一個人正面、負面，或中性的社交測量，跟隨他一輩子。

　　一個人在社交網絡中對別人的選擇，正面或負面的，就被定義為社交角色。這些角色是一個人和別人相交相繫的方式，別人也用這樣的角色來回應他，這些就會形成一個很明確的社交銘印，也就是他或她對人或對物所做的決定和依附。

　　一個人成年早期的價值觀和信仰，雖然可能微不足道，但是到了成年期就會變得很固定，而且強烈的影響那些從他環境中所選擇或拒絕的人。在這樣的系統之下，對自己和對別人的感覺，形成他獨特的社交技倆。一個人不斷評估所使用的過程（喜歡或

不喜歡的），就是社交技倆所要探索的中心焦點，而且是夫妻關係和配偶選擇的基礎，因此也就是 AMP 這個方法最有價值的一個工具。

🍃 社交測量／選擇

一個人對伴侶的選擇和他們所用的規準就被稱為「社交測量上的選擇」（sociometry selection）。Moreno（1953）提到「團體中互相牽引的動力，就是將人自然而然吸引在一起的相同動機」（p.300）。這是了解關係的關鍵。為什麼人會做某些選擇，是什麼形成這樣的選擇？用來選擇婚姻伴侶的規準，是根據原生家庭中的經驗。這些早期和主要的照顧者的關係會發展出根深蒂固（大部分是潛意識的）的角色選擇和期望。

什麼時候羅曼蒂克的愛結束了，而權力的爭戰開始了？當關係變得似乎安全有保障的時候，心理上的按鈕就被啟動了，所有嬰幼兒期的願望，突然或逐漸地蠢蠢欲動。配偶們不再找理由和對方在一起，現在會花比較多的時間來閱讀、看電視、和朋友來往，或只是做白日夢；他們可供溝通的內容或範圍就變得更加的每況愈下。突然之間，伴侶的充滿感情、聰明、很有吸引力，和有趣都變得不夠了，他們還必須要知道如何去滿足各種不同層次的期望；而這些期望有些是可以察覺的，但多數是隱藏的，其中最有影響力的是那些潛意識的期望。最主要的一個潛意識的期望，通常是期望他們的伴侶會贏過所有的對手，而且用他們父母所不曾愛過他們的方式來愛他們。

選擇模式的重要性

夫妻如何挑選和決定彼此的角色，以及這個過程中的彈性對夫妻治療師是很重要的。

一個成功的婚姻是不能夠容忍兩個人之間有假的來電。當配偶之間不再有互相的化學吸引力，來電就被認為是假的。如果一個伴侶為了性和興奮選擇了一個特別的伴侶，為了安全感則選擇另外一個伴侶，那問題就遲早會浮上檯面。要想成功，伴侶的選擇必須是有可逆性的。如果選擇是不協調的，其中一個伴侶或兩個人就會在他們關係中的某個階段去尋找別人來滿足他們的需要。婚姻治療師會來評估每一個伴侶所選擇的角色，以及所選擇來承擔的角色，就能很快的發現他們衝突的模式是怎麼來的。這個時候，治療師可以提供夫妻一個機會來回顧和改變他們在關係中所做的選擇模式。

Yablonsky（1956）提到判斷一個關係所依據的規準包含：品質、持續時間、個人的意義、價值、酬賞、無意義性，和參與這個關係所面臨的外在及內在壓力。

Moreno（1916）透過觀察每個配偶的社交原子（social atom）來研究婚姻的發展。我將這個原則應用在我的工作上，我使用原子來評估每個走進我辦公室的夫妻。社交原子指的是一個人生命中所有有意義的人和關係的組合。這個模式的形成是源自童年，我們最早的社交圈，所經驗到的關係。這個組合是複製個人和家庭、朋友、同事、寵物、甚至已經去世的親戚，或者親近或者疏

離的關係。當一對夫妻相遇的時候，每個人有他自己獨立的社交原子。當婚前的關係開始發展，每個配偶的社交原子就開始和另外一個配偶的原子重疊。針對一個人真實性格積極或消極的反應、覺察、欣賞，和感覺就開始形成。在婚姻的早期，兩個配偶社交原子的成員們，就漸漸地開始熟悉，並且會積極或消極地彼此回應。

　　有關不正常關係中配偶的選擇，和社交測量，這些主題的重要應用，將會在下一章有關 AMP 的哲學中不斷地提到。

演出派
夫妻治療

第三章

演出派心理治療（AMP）的哲學

演出派
　夫妻治療

AMP 哲學是從 Moreno 的哲學修改而來

對於研究夫妻關係的興趣，帶領我更深地去探討相關的理論，也因此幫助我對於伴侶之間，如何成功或不成功相處的動力有更清楚的了解。在這個過程中，我發現 Moreno 所發展出來的有關夫妻治療的理論，比其他的治療師還早，事實上他是那個時代的先驅，這個事實奠定了我自己研究的基礎。Moreno 的觀念幫助我去解釋那些我在治療夫妻時所發現的。他所發展出來的觀念成為我創意性努力的跳板，帶領我發展出 AMP。

在一九二〇年代，Moreno 所發展出來的理論是完形治療、夫妻治療、會心團體、行為治療，和團體治療的先驅。後來，在一九五六年，他強調成功的生活、成功的與人相繫、成功的夫妻關係所需要的基本要素，是有能力自動自發的去面對生活中的問題：「掌握這個世界極大力量是自發性與創造性」（p.117）。這個概念源自他在一九二〇年代的早期，他在維也納發展出自發性的劇場，在那裏他教演員們如何使用並且發展他們自己的自發性。

想要表現出來的渴望

Moreno（1969）相信我們在走進環境之前，我們並沒有足夠的暖身預備。我們出生的時候，帶著一種自大狂，覺得自我是源

自與宇宙合而為一的。當發展的階段中發生分離的過程，我們開始察覺隔離和分開。這樣做的結果，我們發展出一種「想要表現出來的渴望」（act hunger），一種極力想要再度與宇宙合而為一的感覺，它在我們的一生當中一直跟隨著我們。Moreno（1946）把這個稱為一種「渴望表現症候群」，也就是「一直掙扎著要和生命前三年的世界隔離分開」（p.65）。這種想要和別人合而為一的飢渴，是在生命發展過程中的前三年發展出來的，一直持續到一個人的一生。我們最初的暖身預備，我們最初和別人的自發性有相繫，我們最初依附的源頭，我們第一個關係（負面或者是正面的），是我們的父母或者是照顧者。這就提供了一個已經完成的成品、保存的文化、界定好的建構，和互動的模式，持續地重複一生；因此影響到，例如：我們伴侶的選擇。我們想要與宇宙再連結的飢渴，時常引發我們內在想要與別人合而為一的飢渴，卻無法在現實中發現。於是第一個和第二個世界就發生分裂，在現實和幻想之間也分裂。當我們想要和別人的自發性相繫的時候，學習分辨事實與幻想之間的不同是很重要。

自發性的重要性

點燃創造性，並且在夫妻關係中提供滋潤所缺的和所需要的要素就是自發性（spontaneity）。自發性，就是使用一個人的資源，用一個合適的反應來面對新的情況，或者用一個特殊的反應來處理舊情況的這種能力，它也就是帶來改變——心理治療的目

標——的原動力。對男人和女人而言，想要從目前的狀況中往前移動，他們必須自動自發的來面對生命中的問題。一個人自發性的狀況，和他或她是否預備好演出是相等的。出生的時候，小孩子並沒有充分的預備好一個暖身的過程來幫助他面對身體或社交的種種狀況。他們把生命的最初幾年都做為暖身階段，所有圍繞他們的人事物就成為他們的輔助自我（來幫他們表達他們自己身心的狀況或者是需要）。治療師就會變成個案自發性的催化者，幫助他們來做好演出的準備。

　　一個人出生的時候，開始分辨自我和那個宇宙並不是合而為一，自我就發現自己在和一個不熟悉的第二個宇宙掙扎，就開始形成焦慮。自我也發現自己和世界變得疏離。我們愈是焦慮，我們就愈不容易有自發性。自發性的相反，就是焦慮，會帶來非理性和不能預測，也會帶來違反自然的思考，就會引起 Moreno（1956）所提到的與宇宙合一的渴望（cosmic hunger），是一種想要讓自己和宇宙合而為一但仍保持自我的渴望。人通常害怕自發性，因為這和非理性和不確定性混淆。「人類害怕自發性，直到他學會如何訓練自發性」（Moreno, 1987, p. 342）。

自發性訓練的需要

　　AMP的方法是使用自發性的訓練，來激發一股動力，以提昇創造力，情感的選擇，和說明目前的狀況。這個過程從評估每一個伴侶的人際關係開始。這個方法就是要來提昇每個人對於自己

社交圈的察覺，並且提供更多的自發性訓練（也就是察覺每個人
和他的重要他人，以及他們和別人之間的種種不同的感情和感
覺）。在這個領域裏面，使用不少的名詞來替代「社交測量」
（Sociometry）這個字，例如：社交網絡、支持系統、網路組織、
人與人之間的聯絡通訊、團隊發展、社交接納性的研究。可以透
過行動來探索社交圈子，譬如透過使用心理劇或者畫出社交圖。
很多 Moreno 早期對於夫妻的探討，都是透過畫出他們在社交測
量上的選擇來完成的。

共同的潛意識

若來電是人類主要人際關係的黏膠（Moreno, 1975）。那麼
共同的潛意識（counconscious）則是把不同個體相互牽絆在一起。
這個共同的潛意識可以來解釋在夫妻關係中所發現的那種痛苦而
不正常的夫妻模式。通常人來尋求治療，雖然他們在人生的很多
方面都經歷到成功，他們仍舊非常地挫折，因為他們選擇了和他
們合不來的伴侶。這種共同的潛意識的相互牽絆帶給他們極大的
痛苦。在治療中深入去探討，通常就會發現關係的共同潛意識的
相互牽絆和他們自己在早年與父或母的關係相似，或是他們彼此
的關係和他們父母彼此的關係相似。一旦與宇宙合一的渴望被察
覺，情感上的宣洩就可以解決，而且功能不良的相繫也可以被調
整。這樣就能讓一個人增進對自我認知或吸引力的察覺，也可以
增進和別人相聯繫的選擇機會。這種與宇宙合一的渴望時常會在

個人的社交圖中被替換。

社交圖表，用圖表來說明

「只要有人聚在一起，就會形成一個社交圖」，這是目前最有名的一個有關社交測量的解釋（Hollander, 1978, p.1）。社交原子是Moreno（1934）所發展出來的，是用圖示法來說明人際之間相互吸引的關係。它是經過修改以供夫妻使用的一種有用的社交圖示法。

📋 社交原子

一個社交原子（social atom）是代表在個人社交宇宙中最小核心的個體，也就是這個人和別人關係中的核心。這個原子專注在情感上、社交上，或者文化上的吸引力、拒絕，和冷漠。一個人社交原子中的人數，通常是滿少的，而且會因為一個人的自發性、創造力，和成長而有所不同。

雖然社交原子中的成員會不斷地改變，但它們的結構卻有明確的一致性。Jennings（1943）曾用社交測量的方法來研究在紐約哈德遜女子訓練學校中社交原子的固定性，所得到的結論是：每一個女孩子的社交原子，維持一個前後一貫的組合，可以用來研究每個人在相互關係中的差異性。人際關係中的模式能維持一個人社交上的平衡。這個社交平衡、不知不覺的互動關係、社交的

運作，代表著每一個人最少需要多少人來覺得完整並且經歷到一種歸屬感。就像前面所說的，如果一個人在人際關係方面的需要沒有被滿足的話，他／她的需要是不滿足的，這個人可能就沒有辦法正常的運作。例如：一個人社交原子中的關係如果非常重要的話，有的時候這個人會犧牲自己的價值和完整，來維持這個特別的關係。

　　當我們長大後，要替換某些重要角色所失去的成員，就變得比較困難。當我們失去原子中那個滿足我們某一方面功能的人，很少會有另外一個人能進來替代他，這就被稱為社交上的死亡。這個現象說明我們的死亡不是從身體裏面，而是因為「失去擁有」。從小時候開始，我們社交原子的網絡早在死亡真正發生之前，就教導我們死亡的意義。治療師在做夫妻治療的時候，社交原子的評估是一個很重要的工具。它提供了每個伴侶的社交平衡，和他們關係中社交平衡的資料。

　　當一對配偶走進辦公室的時候，第一個 AMP 評估使用的工具就是社交原子。這工具提供 AMP 治療師一個快而有效的資源——一個具體可見的工具，可以讓治療師和夫妻一起來檢討的圖示。每一個人因此就變成另外一個人的治療經理。

　　治療師要對每一對配偶在他們的伴侶社交原子中所認定或實際的地位有一個更明確的了解，就必須要求每一個伴侶畫出他們的社交原子。要這樣做，治療師說出以下的要求：「拿出一張紙和筆，用圓圈和三角形來代表你生命中的男人和女人，畫出你的社交原子。首先把你自己畫在紙上，用圓圈或三角形來代表你自己，然後在這個圓圈或三角形裏面寫上你的名字。然後把你關係

中的重要他人畫到你的紙上，也是一樣用圓圈或三角形來代表這個人，你相信在你生命中的這個時刻，必須有他們你才會覺得完整。把那些你對他有強烈正面或負面感情的人，畫得靠近你。把那些你覺得比較疏離的，畫得離你遠一點。如果這個人對你而言是重要的，你就把圓圈或者三角形畫得大一點。如果你想要的話，你可以把寵物包含進去，也可以把已經去世的人畫進去。把人的名字寫在每一個圖形的中間。」完成的時候，夫妻治療師就要求配偶雙方拿出另外一張紙（或者用這張紙的反面），依據同樣的明確指示，來畫出他們對於配偶社交原子的認知和了解。

社交原子是用來指出生命中的不同階段。在這本書中呈現一對夫妻在治療過程的不同階段完整的社交原子。我要求個人或是夫妻完成社交原子的作業，也會鼓勵個案畫出在他們生命中的不同階段危機發生時的圖表。在婚姻的後半段，夫妻聯合的社交原子會發展出一些增加的成員，來形成他們集體的社交圖表。

那些成功的人，通常會為他們自己負責任，而不會把他們的不滿足歸罪於別人。〔了解責怪是來自人類的天性（包括治療師）是很重要的。伴侶必須為他們在關係中那一部分負起責任。治療師需要去指出他們的責任。AMP 所使用的社交圖提供了一個管道，治療師可以了解每個伴侶的選擇和他們對角色的定義。〕能夠分辨這些是一種內在的堅忍不拔。Moustakas（1972）把它看成一種內在具有創造性的勇氣，可以開放而誠實的接受生命中不可避免，存在著的孤單寂寞。因此人類，雖然彼此吸引和互相有關係，並不需要依靠彼此的接納和認同。

雖然每個夫妻治療師用各種不同的方法來使用社交原子，每

一種還是有共同的結構特性。文化原子是在治療中使用社交圖表的另外一個例子。

文化原子

　　這個圖表是代表一個人周圍角色關係的主要模式。配偶雙方畫出他們生命中的各種角色，用大小來表示重要性，用距離來表示在當時他們對那個角色所感受到的舒服自在的程度。治療師也可以要求夫妻來畫出他們對配偶的文化原子（cultural atom）所持的觀點，以及他們相信他們的配偶是如何看待他們的文化原子。當探討的不論是社交原子或者文化原子，有一點是很重要的，治療師應該花時間和配偶討論他們所發現的關係，並且將所察覺到的資料整合在一起，而這些可能會需要好幾次的晤談時間。

常態資料的重要性

　　Taylor（1977）對於社交原子的研究，以及一些使用社交原子圖的臨床人員的共同發現，都指出常態資料（normative data）的重要性。我在使用 AMP 的時候，有一個最重要的發現就是有超過百分之九十以上的人，在他們所畫的社交原子裏面有五到二十五個人。在我對夫妻的研究中（且受到 Robert Siroka 的臨床經驗所支持）發現一些常見的現象，它包括：兩個圖形重疊或者是圖形裏包含另一個圖形，是代表著個體沒有從對方那裡發展出不同的獨立性；圖形畫得比較大，是代表這些人對當事人有強烈的影

響；圖形畫得比較靠近，是代表這些人和當事人的關係比較接近；圖形顛倒，例如：隨便畫或者是畫到圖形之外，代表當事人對這個人感到有衝突、焦慮，或者有一些心結；圖形若是畫在這個人之上，表示正面／負面或優越／自卑的感情，若是並排在一起，就表示兩極的感情；若是畫到這個人的右邊，就代表在當時的情感是極端正面或負面。

探討敘事性資料

　　一旦完成了圖表，就可以開始探索夫妻社交原子的敘事性資料，治療師可使用 AMP 的程序來引導夫妻分享他們的原子。治療師可以從解釋每個人的原子是如何地獨特開始，加上分享彼此的圖表，這會使得他們對彼此和他們的關係有一個更清楚的了解。接著治療師就要求配偶雙方來說明他們社交原子中的那些圖形。在這個時候，治療師可以透過詢問來幫助他們，探討如何由圖形的排放去看他們自己的處境。這過程會包括這樣的問題：「你對 X（一個三角形或圓形）覺得怎麼樣？你如何來描述你和 X 的關係？你覺得和 X 比較靠近，還是和 Y 比較靠近？和誰比較疏離？」治療師持續的問；和自己的圖形比較，探討那些圖形（圓形或三角形）的大小可以這樣問：「我看見你畫了一個 X 比你畫你自己還大／還小。這對你有什麼意義嗎？」在與每一個配偶討論或者是詢問社交原子的過程，應該是要用一樣的方式，確定每一個配偶得到相等的注意。治療師詢問每個配偶有關擦掉的部分、重疊的圖形、圖形的顛倒、圖形的改變、任何衝突或需要關心的現象，

和任何尚未完成的動力關係。一旦配偶分享了社交原子，下一次晤談就是來探討雙方對他們配偶的社交原子所持的看法，也就是去探討他們對配偶社交原子的看法，和他們配偶實際上那個原子之間的相同或相異（看 339-352 頁的例子）。

用 AMP 策略來探討下面要談的角色圖，社交原子是最常使用的社交圖表。

第二重要的社交圖表：角色分析表

要了解如何使用 AMP 的角色分析表這個工具，簡單地說明角色理論是有需要的。

角色理論

一個人的創造力、生產力，以及和別人之間角色互動的表達能力，決定於他的能力是否能維持流動的、親密的，一些心理上滿足的相互關係，例如：和他所選定的婚姻伴侶有一個正面的情感交流。

前面提過，一個成功關係是要互相有正面的吸引力。有的時候，就算有這樣的吸引力來相繫在一起，一對夫妻還是會經歷到無比的震驚，也就用責怪來替代了解。Ellis（1949）指出，大部分失敗的婚姻，是因為配偶沒有能力來因應焦慮，並缺乏自發性。

一個人角色的組合，會形成那個人人格的基礎。這個觀點是

Moreno 所發展出來的，他認為人格是由社會與環境交互作用所形成的。所以從 AMP 的觀點來看，人格發展不是靜態的，而是互動模式的，也就是在功能良好的時候，是一個自然而然、流動的、同質性的組合。用 AMP 的模式來做夫妻治療就可以形成一個建構，可以幫助治療師將夫妻的問題（角色功能）歸納進一個類別架構中。

持續的角色

伴侶會把一些特定的、持續的角色（role conserve）帶進他們的關係中。這些持續的角色是已經完成的產品，是每個伴侶從他們生活經驗中得來並且形成他的人格。這些角色包括特定的態度，和父母、手足，或過去的配偶相處經驗所發展或模仿的角色。這些學得的、調適過的角色，不僅影響到那些被吸引到這個人社交圈的那群人，也影響到角色的選擇或者是重新建造那些本來就有的角色。有時候，當一對夫妻壓力很大時，一個闖進來的鬼魂、一個持續下來的角色、一個從配偶單方或雙方的心靈深處所產生的角色干擾就會出現。雖然他們發現自己不斷地陷在那些不能成長改變的角色裏面，重複著某些典型的關係，卻不明白他們是困在循環的角色模式裏。

角色的發展，是從接受角色（role taking），到角色扮演（role playing），最後創造角色（role creating）。一個本來就有的角色，是一堆學來而且接受的角色組合，而且當一個人扮演那些他所選擇的角色，他就開始修飾或調整這些角色。小時候沒有完成

的角色，會導致沒有完成的固定社會角色。Moreno（1977）說，小時候沒有足夠的角色扮演，會讓個體在文化上的角色持續仍然不完整或不足夠。小時候，我們透過模仿別人來學習接受那些角色。如果角色學習的過程在某個階段失敗了，這個人就會在他的角色表達上變得孤立、疏離，或者操縱別人。這就會給那想要改變與他相處模式的伴侶帶來挑戰。丈夫和妻子角色，類似任何相關的角色，都帶著一堆複雜的期望和反應模式。在婚姻的關係中，伴侶形成對他們自己和他們配偶角色的看法，然後再整合成對他們整個角色的觀點和看法。結婚的伴侶是否固定地回應他們配偶的期望，決定於他們對於角色的概念、他們對於角色的期望，以及與他們配偶間相互角色的經驗。

想要幫助夫妻釐清他們的角色，治療師就需要問下類的問題，例如：「你的問題使你不能去做哪些你想要做的事情？對於你配偶的期望有哪些是還沒有滿足的？」

關係本身就會產生協商，也會透過各種行動將角色知覺和期望合併在一起。有時候，一個關係會失去它的自發性，而變得單調而缺乏想像力。

角色的功能包含複雜的行為期望，以及明說和沒有明說的相互協定。每個伴侶各種不同的角色和它的功能動力，就變成夫妻治療師努力要去具體了解的，因為這會幫助治療師更清楚知道這些配偶是如何為了他們的伴侶，或者是他們自己的好處而接受這些角色，也因此產生衝突或者是壓抑。例如：

L：〔和她的配偶B，在晤談的過程中〕你爲什麼不能更加羅曼蒂克？

B：〔嘆息，揚起他的眉毛〕喔，又來了，妳永遠不會滿足。

治療師：我有一個想法，L要不要角色互換來做給B看，讓他知道他如何能給妳所要的？

L：〔聳聳她的肩膀表示同意〕好吧。

治療師：〔轉向B〕你是否願意轉換角色，扮演L的角色，讓她可以告訴你她的需要？

B：〔站起來〕當然。

L扮演B：〔走過去，把她的手放在扮演L的B上〕很抱歉讓你難過。有什麼是我可以做的？

B扮演L：謝謝你問我。

　　這個簡短的角色互換，幫助這對夫妻改變了他們一成不變的行為模式。

固定的角色

　　與人親近的基礎是從童年開始發展的，或親近或疏離就形成吸引力的要素。這個主要的現象，也就是吸引力的力量，就是正面或負面的聯繫力量，讓人可以和別人產生相繫的關係。當嬰兒開始察覺自己和宇宙（現實）不是一體的，兩組角色便開始融合，創造出一個世俗的世界和一個想像的世界。「一個正向的吸引力

從一個負向的吸引力中分離出來，一個對真實物體的吸引力從對想像物體的吸引力分離出來。」（Moreno, 1956, p.147）角色的融合是將嬰兒和成人，及他或她所想像的身外之物連結在一起，為嬰兒，後來為成人，創造出世俗的社交角色和心理劇的角色。

　　一個人的角色愈加固定，一個人在這個角色就愈缺乏自發性。人常常困在一個對他們的關係不再產生活力或動力的角色。當一個人學習去練習角色扮演，她或他就學到新的角色，或者學到如何將沒有使用或遺忘的角色重新賦予生命力，而且形成一個更加有自發性的模式去和別人相處。當夫妻的角色沒辦法擴展，那種從童年就想要達到的渴望，就迫切的想要滿足。例如：艾倫在後來的晤談中，很認真的討論他們的社交圖表，就是說他和他父親的關係是很不滿意的；也就是他們的關係是滿負面的。艾倫從他父親對他的體罰中不斷地體會到他父親對他的行為是何等的不滿意。他後來不知不覺帶著一種飢渴進入成年期，想要把負面的關係修復成彼此心靈相繫，因此也選擇了一個和他的原生家庭關係滿相似的社交關係，期望能夠得到一個比較滿足的關係。但相反的，他遇見一個對他而言像小孩的伴侶，因此他就扮演他父親的角色，因此就再度形成一個負面的連結關係。從這個例子，艾倫的角色飢渴（成為他的父親）需要重新評估和改變；這種重複小時候就有的社交角色和位置是需要被改變的。

🔲 角色衝突

　　當一對夫妻走進我的辦公室，他們通常都正處在一個從相當

嚴重到十分嚴重的衝突中。雖然他們的衝突可能環繞著各種不同的主題，但是他們基本的問題還是和他們的角色組合有關係──他們角色的相關或互補性失去了平衡。當這些角色發生衝突，負擔過重或者壓抑，或者因為不同的原因而覺得不舒服，夫妻就會感受到壓力。壓力的嚴重程度決定於功能不良的角色性質和時間長短。

為了要達到婚姻的社會標準，每個人通常會要求他們自己做到某些角色，或者因為擔心他們的伴侶可能不能接受或者滿足新的角色，就會禁止他們自己發展新的角色，角色的壓抑就此形成。婚姻中這樣的角色結構往往會帶來婚姻的衝突。

如果一對夫妻角色的種類不能夠拓展，就像我們上面所解釋的，就會形成一種想要演出某種角色的飢渴。看一看最後幾次晤談（第九章）男性伴侶所呈現的對白，艾倫和他的父親有一個不滿足的關係，也就是他們的角色並不能夠互補。他太早就被要求去扮演照顧別人的角色，因此他和他父親之間就形成一種負面的情感關係。艾倫想要與別人心靈相繫的飢渴，就一直持續到成年，以及選擇什麼樣的關係。他所承受的角色是需要更新改變的。這種從他小時候就存在的重複而沒有回饋的社交角色是既不滿足，也不健康的。艾倫和他太太琳達的角色評估可以在圖 10-1 看得到。這可以顯示出每一個伴侶是如何選擇一堆角色，這些角色正代表著他們在婚姻關係中所經歷到的人際經驗。

就像 Hendricks 和 Hendricks（1990）所說的，大部分的人都低估了我們心靈潛意識的領域。我們的父母嘗試去壓抑某些思想和感覺來幫助我們好好的長大，也透過各種不同的親職技巧，不

知不覺的否定過程，來塑造我們。做為父母，他們選擇不去獎勵某些小孩子的角色，或者他們所看到的問題。所以，有些角色就被壓抑了，而某些錯誤的角色就從童年開始形成來維持所需要的形象。被壓抑下去的角色是為了要減低痛苦，也因此產生空虛。這些被壓抑的角色既然是不被接受，也就被否定，那些幻想的、不切實際的看法也就保持原封不動。

角色的期望

　　丈夫和太太的角色，就像任何一組相關的角色，負載著由期望和反應所構成的複雜組型。對於他們的配偶所扮演的角色，每個人的反應是透過對他們配偶溝通的看法形成的。他們透過對白所了解的，不只包括音調、感想，和他們所聽到的話，還包含他們對對白的解釋。這包含了無數的假設，這些假設來自於他們認知和情感上的精神／情感的檔案，這些檔案又是從他們的期望、過去的經驗，和現在的壓力形成的。因此每個伴侶的角色期望和所扮演的角色彼此互動，就強而有力的影響他們的關係。每個人對他伴侶的期望所持的看法，以及對一個角色概念和期望之間的溝通程度，會強烈地影響到每一個伴侶對他們關係的滿足。在艾倫和琳達的關係（前面討論過，後面幾章也會提到），艾倫不願意接受琳達希望他接受的照顧者角色。他察覺到她所要求的角色，有時候也很不情願的表現一下，但是不久就感到挫折，他缺乏和她協調交換新角色的能力。琳達和艾倫兩個人都需要角色的訓練。

　　婚姻的滿足是和丈夫的自我概念，以及太太的自我概念是否

有一致性有相當的關係（Stuckert, 1973）。很有趣的，兩個健康的人可以產生很不健康的關係，而兩個不健康的人卻可以產生一個健康的關係。很重要的關鍵是他們是否有能力讓彼此的角色互補。

「很多已婚的人早在任何公開的決裂形成之前，就已經失去他們的伴侶」（Moreno, 1940, p. 21）。失去某個特別角色，或者失去婚姻的部分角色，只要把這兩個人帶進婚姻的角色能夠適應良好，這些角色就能夠沒有任何不良後果的繼續維持下去。不過，失去部分的角色，也可以成為夫妻分居或離婚的起點。

一旦治療師用 AMP 來發現那些過度發展，或者是沒有發展的角色所形成的問題，就可以開始幫助夫妻來定義新的互補角色，也訓練夫妻改進他們的角色功能。

角色分析表

角色分析表（role diagram）是 AMP 過程中所使用的另外一種社交測量的方法，它是從 Moreno（Moreno and Moreno, 1938）原先的研究報告所修改而成的。角色分析表是一種圖表的呈現方式，設計來表示一個特定的關係，在某個特定的時空中所形成的角色結構。在與他人彼此分享角色分析表的過程中，需要大大的自我開放，不過，它也提供給每個人一個機會去認識自己和別人的不同觀點。Hale（1981）也說：「這些圖表可以看出有多少的角色已成死亡狀態，也可以知道這個人的身上有多少的角色需要承擔，有多少的角色需要扮演，以及有多少的角色需要開創，還

有在相關或不相關的角色上所花費的時間」（p.122）。

最簡單形式的 AMP 分析表，是設計來幫助夫妻看出他們彼此在一個特定的互動角色中有什麼樣的感覺。應用角色分析表的過程是這樣的，治療師要求每一個伴侶從上而下列出所有的角色，用圓圈來代表每個角色，把圓圈用等級的方式排列出來，最重要的角色擺在分析表的最下方。治療師要求伴侶針對所談到的每個問題按照等級列出角色分析表。例如：列出你和配偶的關係中最常扮演的角色。列出你在這個關係中最渴望扮演的角色。接著治療師要求雙方配偶和伴侶互換角色，並且回答同樣的問題，然後來猜猜看他們的配偶是怎麼樣看他們的角色。治療師可以選擇他們在關係中的不同階段，或者在關係中特別重要的事件，或者對於未來的投射，來建立場景，並取得每個伴侶在角色分析表中的那組建構，以做為評估和討論的依據。

角色的揭露

當治療師幫助一對夫妻的時候，可以問一些問題來探討因為缺乏自發性而產生的焦慮，以及兩個伴侶之間所產生的一些角色不平衡（Ackerman, 1958），例如：

1. 這對夫妻所使用的角色是否互補？
2. 有沒有角色是衝突的？
3. 有沒有角色是過分透支，導致角色精疲力竭？
4. 有沒有角色是被其中一個伴侶所壓抑的？

為了讓某個角色不再持續下去（Hale, 1981），治療師可以設定一個情境，讓那個指定的行為表現出來，然後面質這個角色模式。

痊癒的過程

身為一個治療師，我發現，痊癒的過程常常是透過夫妻做心理劇和角色練習的過程中，經歷到情感的宣洩而形成的。AMP的概念是在夫妻踏進辦公室的時候就開始形成。事實上，在夫妻晤談之前就開始有暖身預備，也就是當治療師在看初診的資料表格、社交原子圖、角色分析表，或者上一次晤談的過程，就已經在探索夫妻的社交關係。完整的社交原子圖可以看出在他們的世界中，這些社交力量是怎麼樣的運作。角色分析表則可以看出每一個伴侶被壓抑的角色和角色的衝突。接下來的晤談，就討論圖表並和夫妻一起標出重點，也鼓勵更多的角色探索，並且對想要接受的角色有更多的角色練習。當夫妻開始形成更多的自發性和互補的角色時，他們的關係就變得更加美好。

AMP角色分析表的發展，給治療師和夫妻雙方提供了很重要的資料。看看分析表中每個伴侶認為他們在婚姻關係中所實際扮演的角色，再來和他們所渴望扮演的角色做比較（第九章所顯示的）就可以發現有些不一致，這是治療師和夫妻可以來探討的。

心理上的滿足

當治療師察看一對夫妻心理上的滿足時，可以使用社交關係圖表來探討他們選擇的模式。身為人類，我們渴望和別人有聯繫。AMP這樣的一個模式探討了一個很重要的準則：是誰選擇了另外一個人，他們的選擇是不是互相的。AMP治療師要問的問題是：在這個關係中誰選擇了誰？是否是相互的？選擇的標準是什麼？選擇的標準是否是有可逆性的？夫妻治療師也應該問他們自己和這對夫妻之間社交關係的聯繫是怎麼樣的。配偶雙方走進他們的關係都是帶著他們自己原先社交關係的銘印，也就是他們在家庭中社交關係的位置是很早以前就被固定了，也因此影響到他們對於伴侶的選擇。一個人社交關係的某些層面，有可能是從他們父母，或者甚至他們祖父母所選擇的模式發展而來的。

夫妻治療師在使用 AMP 幫助夫妻的時候，可以問我們前面所提到的那些問題，也可以問一些和他們的父母選擇伴侶相關的問題，例如：在他們父母的關係中，他們使用什麼樣的角色？他們這對夫妻被他們的家庭所接受的程度？他們如何或為什麼生下你這個孩子？往往有一種社交模式是從一代傳到另外一代。一個人的社交關係，受到他父母對這個孩子從出生到長大的反應所影響，也受到這個家庭的其他成員對這個孩子的反應，以及上一代選擇的過程所影響。這些選擇都對一個人的社交關係產生影響，也就是對他們伴侶的選擇，和他們關係中角色的發展造成影響。

如果一個人在小的時候就接收到雙重信息，例如：「我愛你，但是……」這個人選擇的伴侶和他之間有可能並沒有相互的契合或吸引力，為的是要重複他和他父母之間那種沒有相互契合吸引力的關係。除了去評估人與人之間的喜歡或不喜歡，每一個伴侶對於對方的看法和感覺，以及這個人在處境中實際的表現，都是 Moreno 主要的研究。

雖然社交關係的吸引力和嫌惡支持我們生活的每個層面和彼此的關係，它也是 AMP 治療師所要探討的基礎。社交原子契合的現象，角色分析表中角色理論的探討，都是使用 AMP 這個模式來幫助夫妻時所會用到的基本要素。

演出派
夫妻治療

第四章

夫妻治療的派別

演出派
夫妻治療

Moreno 對現代治療師的影響

在一九七〇年代,夫妻治療演變成在心理健康領域其中一個
很重要的治療策略。一些可能造成的原因是,個別治療所花費的
龐大金錢、傳統心理分析所需要的時間,以及不斷成長的離婚率。

夫妻治療師,就像做個別的心理治療師,現在都承襲了許多
的模式來幫助夫妻處理衝突,可能是因為「大部分的治療師對於
婚姻治療並沒有充分的預備,就像大部分的夫妻並沒有充分準備
就結婚」(Prochasker and Prochasker, 1978, p.417)。我所發展出
來的演出派心理治療這個方法,是為了要提供給夫妻治療師一個
模式,雖然並不一定是新的(Compernolle, 1981),但是確實沒
有被充分發展和充分使用。

行為學派、系統學派、心理分析學派、心理動力學派,和折
衷模式的夫妻治療都是治療夫妻的主要方法。這一部分要來探討
這些被認可和流行的不同方法是如何應用 Moreno 早期的研究,
至少在某一部分拿來做為基礎。雖然有關夫妻治療的文獻非常的
多,我在這個單元所選擇的文獻,主要是讓讀者了解各種不同的
學派如何明顯或不怎麼明顯地使用了 Moreno 早期研究的某些形
式。在這個過程中,我們會進一步探討一個問題:演出派心理治
療(AMP)對於治療夫妻是否有幫助。

演出派
夫妻治療

行為學派

　　行為學派（behavioral approach）的學者認為成功的婚姻就是雙方能夠彼此制約，婚姻的滿足就等於成功。很明顯的，行為學派的觀點相信，婚姻的不協調來自於彼此沒有足夠的正面制約。很矛盾的，行為學派在面對不同觀點的問題時，卻使用像重新標籤或者重新建構的方法（Weakland et al., 1974）。

　　行為學派的治療師依賴夫妻用口語來敘述他們喜歡什麼和不喜歡什麼。他們比其他的各家學派發展出更多系統化的策略過程，並且有很明確的治療模式，例如 Weiss（1975）的「恩愛的日子」，或者 Stuart（1976）的「關懷的日子」，或 Arzin 和其同事的「互相察覺的過程」。

　　Sager（1974-76）認為行為學派的婚姻治療師很能夠有效地幫助個案，因為使用許多的教導和教育性的方法，可以幫助好些心智不複雜或沒有洞察力的夫妻。行為學派婚姻治療（Behavioral Marital Therapy, BMT）的方法是 Jacobson 和他的同事（1982, 1985）所發展出來的，被行為學派的治療師所廣泛的使用，對於解決問題有兩個主要的要素：行為的交換和行為的溝通。在行為溝通這部分，例如：要求每個配偶從他們一大堆的行為中去找出那些對於他們的伴侶有增強影響力的。然後增加這些行為的頻率。「這個階段的治療關鍵，是配偶雙方都能夠了解任何的觀察都是相對的，而且有很多種不同的觀點」（Jacobson and Margolin, 1979, p. 236）。

在接下來的夫妻晤談中，會要求他們回家做作業，之後也會去討論這些作業。在治療的早期就開始強調傾聽和複述的溝通技巧，包括摘要和回應對方所說的話。類似這些，那些作者為了針對關係問題要達到某個協定，就研發出有結構的溝通模式，包括教導夫妻解決衝突的技巧，其中包括兩個明確的要素：問題的界定和問題的解決，是在晤談過程中夫妻就開始練習。行為學派並沒有提供夫妻長期改變的計畫，因為這個方法主要是治療症狀，而不是問題。

如果夫妻需要更深地了解自己，或者配偶在自己原生家庭的問題中有歷史的包袱，會影響或阻礙這個關係，為了長期的效果，就不只是需要行為改變技術了。就像 Moreno 所做的，AMP 會使用行為學派的某一部分來做角色練習，並且加上其他的技巧，來提供給夫妻一個機會來宣洩感情、頓悟，和整合。

🐾 系統學派

使用系統理論（system theory）的方法來治療，代表著一種折衷的方法，因為它介於醫學的模式和行為治療的學派之間（Gurman, 1978）。這個理論也是認為互動是婚姻衝突的原因，並且指出衝突的起源並沒有目前彼此的互動來得重要（Watzlawick et al., 1974）。系統學派的理論家相信夫妻互動的需求必須改變成一個有邏輯、並且較高層次的溝通。他們認為溝通的主要問題，是困難和問題之間認知上的分辨。「問題解決的過程變成問題」（p. 31）。

演出派
夫妻治療

其他系統學派的治療師，把配偶之間的衝突，視為婚姻中的歸因有問題的結果。這個觀念是根據第二序改變的概念，也就是融進一個信念：如果你要用完全不同的方式來做某件事，你就會用不同的態度來面對那個問題，就因此改變了基本的概念。

根據 Bowen（1976），系統理論領域裏的先驅者，治療師必須設計出一些方法來幫助夫妻系統產生比較好的影響。使用這樣的方法，治療師所談到的互相的溝通、感覺、模式就可以透過許多不同的方法而改變，例如：重新建構或重新塑造配偶系統中的行為；觀察和面質目前夫妻互相的溝通，例如：透過錄影帶（Berger, 1978）；改變夫妻溝通的方法和效果；並且設計一些方法來改變行為。例如：Bowen 系統學派的中心建構，是將自我從混亂的關係中拉出來並且區分。區辨（differentiation）包含為每一個人分辨感覺與認知的過程，因為衝突容易發生在那些不太能區辨的人身上。

Bowen（1976）現在大量的接受三角關係的概念，也就是把焦點放在三個人的系統上，他認為這樣「提供一個方法來了解這些自然的情感反應，才能夠在情感的過程中控制自己自然而主動的情感參與」（p.53）。

三角關係（triangulation）的概念是和 Minuchin 與 Fishman（1981）所提出的類似，也就是把焦點放在父母和兄弟姊妹系統之間的互動，或者 Framo（1981）共謀（collusion）的概念。Minuchin 結構重組的概念，和將功能不良的系統展現出來都是和 Moreno 以及 AMP 暖身預備以及演出的概念類似。三角關係是把夫妻二人及第三個人（治療師）帶進情感的過程，治療師的作用

是緩衝、代罪羔羊，或者是重建夫妻間關係融合的外在人物。

　　透過 Minuchin 和 Bowen 的研究和工作，結構派和系統學派的治療在家族治療的領域中變得很突出，而這兩個人在系統學派的領域當中也因此變得很有名。他們的研究和應用是根植於Moreno 在一九三〇年代的研究基礎。Moreno（1937a）的人際關係理論和他後來的角色理論，都成為近代（或現在）婚姻治療的主要要素（Hollander, 1983）。

📎 策略派的治療

　　策略派的治療（strategic therapy）是一種誘導改變的方法。最初是由 Haley（1963）所介紹的。雖然並不是所有策略派治療師的運作方式都一樣，許多人，例如Erickson、Haley 和 Selvini 都有相類似的信念系統：「治療的改變來自而且是透過互動過程」的基本概念（Stanton, 1981）。策略式和結構式這兩種派別，有的時候彼此相交，先是用結構派的方法，使用參與和適應，建立界限，和重新改變結構，然後再轉換到以策略派的方法為主，尤其當結構式的技巧不順利的時候；也就是使用正面的解釋和矛盾的策略這類的技巧。當治療師想要從夫妻的糾葛當中保持距離的時候，就會使用策略的疏離，並且「宣稱自己完全無能」（Solomon, 1981, p.433），然後就因此把權利還給這對夫婦。夫妻通常期望或者想要治療師來為他們的關係負起責任。

　　參與和適應對 Moreno 和 AMP 而言，就像是「用替身替他演出」，而策略式的疏離是把晤談中的每一個人看為平等的一種方

法，也就是每一個人被視為別人的治療經理。

　　Papp（1983）在從她個人風格取向轉移到系統方法論時，探討並指出她所認為的夫妻問題的中心主題。她把婚姻關係定義成一個比喻：「透過引導式的幻想創造出來，因此夫妻用象徵性的方式來幻想他們自己，然後把他們的想像透過動作或者使用各種姿勢來具體化」（p.26），這通常會對他們再度發生的衝突產生極度強烈的情感困擾。她把夫妻間的衝突認為是一種「相互的安排」，她的觀念和 Moreno 心理劇本身和演出階段的早期觀念是相似的；她所指出的具體化的需要性，也就是 Moreno 早期提到的角色承擔和接受的概念。她所謂的相互作用（reciprocity）是表示，一個策略除非能夠牽引出婚姻系統的不平衡，否則就不能夠有效果；他並不在乎互相作用是怎麼來的，但是她強調「配偶是如何來協調去維繫它」（p.26）。AMP，類似 Moreno 早期的理論，在社交測量的討論和方法中特別強調相互性的概念，也就是強調相互選擇的重要性。

　　Weingarten（1980）認為，系統學派的方法是對任何情況都用循環性的方法來思考。治療師通常是先擴展夫妻開放性的解釋，然後尋找例外，獲得資訊再從內容脈絡中找到固定模式。就像 Watzlawick（1978）所說的，治療師應該站在中立和接納的立場，因為「最重要的是避免做更多同樣的事」（p.151）。這和 AMP 暖身概念是很相似的，也就是強調探討問題根源的重要性。

🍃 心理分析學派

　　早在社會學習或者是系統理論被應用出來之前，Freud 和他的跟隨者發展出心理分析學派（psychoanalytical approach）。弗洛依德式的分析學者在家族和婚姻治療方面特別的有名，包括 Ackerman（1958）、Giovacchini（1958）和 Mittelman（1948）。雖然並沒有純粹心理分析的方式來治療婚姻的不協調。不過心理分析師卻發展出各種不同的理論和技巧來做婚姻治療，例如：客體關係的 Fairbairn（1954）、Dicks 用客體關係的策略來處理婚姻問題（1967），以及在功能方面採用 Ackerman 的研究（1958, 1966a, 1970）。他們都相信只要一個配偶能夠有所頓悟，就能夠影響到夫妻後來的互動。

　　心理分析學派注意到婚姻伴侶的選擇和隨之而來的滿足，以及用發展的觀點去看關係中的衝突。在配偶的選擇過程中有一個無意識的因素是很重要的一個觀點，稱為「需要的互補」（Gurman and Kniskern, 1978），也就是我們會選擇一個伴侶，是能夠滿足我們那些不曾滿足的需要。從社會心理學吸引力的概念，有一個常見的成語，「物以類聚」。在我使用 AMP 的過程中，配偶的選擇被視為很重要，也被視為 Moreno 社交關係的現象之一。

　　不過，心理分析學派的治療師相信每個人所選擇的伴侶，是會和自己有相同程度的不成熟，或具備發展過程中類似的失敗，也承襲了相反的模式（Dicks, 1967; Napier, 1978; Sager, 1976a; Skynner, 1976）。他們都使用互補的架構來探索這個現象，也認

為婚姻中持續的動力是一個過程，也就是每個伴侶如何和為什麼選擇對方。Dicks 稱這個為「共謀或者是互相勾結」，而 Bowen（1976）稱這個為「家庭投射」。

使用互補理論架構的治療師相信伴侶會在不知不覺中互相合作，也就是被低估的潛意識心靈的潛意識領域所做的選擇。他們相信對夫妻而言，這個冒險的作用是「重新發現他們主要客體關係中失去的部分，也就是他們是從哪裏被分裂出來的」（Dicks, 1967）。這個互補的架構是很像 AMP 自發性的概念，也就是夫妻一直努力要持續的尋找到他們最初相遇的時候所擁有的自發性。

從心理分析的觀點，衝突是從被壓抑的潛意識狀態中產生的，互補作用最早和最初只是顯得毫不矛盾，現在卻變成依附到早期內心中需要和願望的衝突，需要每個伴侶改變他或她的角色行為來回應那個時候別人的需要（Dicks, 1967）。就像 Yalom（1975）也指出的，這是「對過去的重建，不只是挖掘過去，這是非常重要的」（p.28）。

Solomon 和 Grunnebaum（1982）使用同樣心理分析的治療方法，用同樣的治療師個別來治療配偶雙方。他們建議夫妻在極大的壓力之下，可以從他們都擁有的個別治療中得到被接納和情感的支持。他們同意 Franz Alexander（1968）所說的，當個案學會怎麼樣來和治療師建立關係，就更能知道如何有和諧的人際關係。這個治療方法是根據一個概念，夫妻的不和諧是一個複雜的症狀和夫妻「社交的發源處」有很大的關係，也就是在婚姻中有意識和潛意識所投入的，包含一個人價值、靈感和文化背景所組成的獨特心理結構。

隨著心理分析這個學派的模式，Guerin 和他的同事（1987）
的頓悟察覺技巧，是把焦點放在已婚配偶的需要，去發展出一個
比較分化，同時內在又能夠整合的自我。所以治療，透過打斷和
說明融合的過程，來處理配偶的差異性和沒有辦法互補所造成的
衝突。治療師中程目標是幫助每一個配偶去和他或她伴侶性格中
目前隱而不察的重要部分產生接觸。在婚姻的溝通中，有五個部
分被視為對這一群人非常的重要：用語言溝通不敢碰觸的問題所
具備的開放性，夫妻在語言溝通的內容類型，語言溝通的特質（批
評性的、讚美性的，或者情感的），和語言溝通的可信度（彼此
能夠信賴），還有非語言的溝通（表情和動作）。這些作者們認
為治療師必須看到也讀懂這些溝通，並且在治療的過程中讓夫妻
的衝突更明確。這個方法和 Moreno 四十多年以前所做的努力是
相類似的，也就是要每個配偶去重新建構他或她的所有角色，並
且發展出那些不曾發展過的角色。AMP 也強調夫妻角色的結構。

心理動力的方法

使用心理動力方法（psychodynamic methods）的治療師所持
的基本假設是，功能不良的婚姻往往是夫妻表現出各種不同的恐
懼所造成的（Framo, 1990）。一個人可以從小就有一種沒有辦法
滿足的表現飢渴，一種沒有滿足的需要，以至於他極力想要嘗試
去擁有一個成功的依附或者是契合的關係，那是他們小時候所沒
有的。夫妻的社交狀況可以被視為兩層的信封，也就是包括夫妻
的生活型態和延伸的家庭。任何慢性或急性的壓力來源，都會影

響到夫妻的行為和他們依附的品質和程度。「想要表現的饑渴是
應用 AMP 所要強調的動力過程」（Moreno, 1947）。

　　在晤談過程中，治療師發現界線在哪裏，以及他們應該在哪
裏，什麼地方應該融合，和什麼地方不應該融合，界線的概念在
於配偶彼此互動的時候，情感上對追求者和疏遠者所做的區分。
「婚姻融合的程度是婚姻衝突的開始和過程中，其中一個最重要
的變數。融合包含個人的界線和風格。有兩個角色常被用來解釋
融合的過程：情感的追逐者和疏遠者，他們在一起的方式和他們
情感功能的相互作用」（Guerin et al., 1987, p.44）。

　　透過溝通來解讀的概念是和 AMP 強調治療師和任何一個配
偶相繫的重要性是類似的，也就是強調，透過替身，來表達出配
偶沒有述說出來的感覺和想法。了解界線在哪裏就和 AMP 概念
中的找出伴侶之間不清楚的角色是類似的。

　　情感上的追逐者，在有壓力的時候，界線是不固定的，幾乎
會是隨便的邀請別人進入他或她的個人空間，於是就有很大的焦
慮，也會對他所接觸的每一個人感到很不愉快。情感上的疏遠者，
在壓力比較低的時候，是退縮的，而且在他或她的空間是沒有什
麼人的。在壓力大的時候，疏遠者的個人界線就會充滿了情感上
的混亂，積滿了不舒服的想法和感覺。配偶的一方是追逐者，另
外一方是疏遠者，可以形成一對互補的夫妻，直到他們的關係中
產生壓力。當緊張的程度升高，產生各種情緒，原來能夠平衡的
相處模式，卻變成導致反應循環的刺激（Guerin et al., 1987）。治
療師，這個第三個人的作用，在婚姻三角關係中，可以降低緊張，
形成一個替代的作用，來幫助夫妻重整他們的衝突。三角關係被

心理動力學派為主的治療師看得非常重要。所有的三角關係被視為生命的主要事實，所以也就是婚姻治療中的主要焦點。夫妻如何和第三個人形成三角關係被視為一個主要的動力。AMP的過程是使用替身來完成同樣的目標。

數代關係的方法

數代關係的方法（multigenerational approach），是由 Kautto 和他的同事（1987）所發展出來的，可以用來治療夫妻生理上和心理上所產生的問題。這些作者指出狀況和發展中壓力源的相關性和所造成的影響，並可以解釋夫妻每天生活中各式各樣的壓力源，可以在他們的伴侶關係和數代關係中形成一連串互相關聯的情感作用。

AMP的應用強調一個觀念，婚姻的壓力會讓人變得脆弱，產生情感反應，和不知不覺的行為，讓其中一個配偶變得很難去思考。情感反應及焦慮升高和降落，直到夫妻的症狀不能夠控制或者他們的焦慮沒有辦法用能接受的方式來處理。壓力很大的人會變得很需要人，而這個需要會使得他們對婚姻的伴侶有更多的要求，特別是有關金錢、性、親職教育，和公婆的問題。他們通常會變得和他們小時候父母所做的行為相像。

Paul 與 Paul（1975）使用數代關係的方法來幫助夫妻發現並了解他們父母親的過去，因為這些和他們目前的困難是相關聯的。他們表示「個案需要知道的，並不是更詳細地去探討他們家族的歷史，而是對他們父母親生活的經驗有更同理的了解和相繫」（p.

85）。這和 Moreno 早期「角色練習」的概念是類似的。我們之所以容易去接受哪些角色，是因為我們早期的照顧者所立下的榜樣。在我自己個人和 J. Siroka 所做的心理治療過程中，我們一起發現在我目前的生活型態中，有從我父母和祖父母任何一方所傳遞下來的現象。而在我以治療師身分幫助個案的過程中，我也一樣發現，通常都有一些特別的家族模式代代相傳。

存在主義／折衷學派的方法

存在主義學派的方法，是Abrams與Kaslow（1976）、Bowen（1978）和 Whitaker（1975）所提倡的，是一個行動和重新評估的過程，把注意力轉移到夫妻的教育和個人的背景、他們個別的特質，和治療本身的過程。治療模式的選擇，是考慮其診斷，包含夫妻學習模式和夫妻之間語言和非語言回饋的要求所做的評估。

Sherman 和 Friedman（1986）使用折衷派的方法。他們相信可以從不同治療師的想法集其大成，於是發展出一本《婚姻家族治療結構式技巧手冊》，其中包括：幻想和其他想像的方法、使用四種主要的投射方法（聯想的、建構的、互補的，和表達的），和使用回想（recollections），它是由 Adler（1948, 1953, 1964, 1983）所發明的投射性工具。

和這些治療師相類似的，我也選擇一些 J. L. Moreno 的理論基礎。Moreno 真的是一位沒有被大家所承認的夫妻治療的先驅者。演出派的心理治療（AMP）是一種用演出做為心理治療的方法來幫助夫妻，它是從我畢業之後十五年的臨床經驗中研發出來的。

第五章

AMP 源自心理劇的部分

演出派
　　夫妻治療

以演出為方法

　　各種形諸於外，表現出來的治療方法之所以能成功，像演出派的心理治療（以下簡稱AMP），主要是因為它能整合身體和視覺的方法。透過治療性的戲劇，個案可以變成一個演員，而不只是一個報導者。他們的問題可以透過演出行動顯示出來，而不只是透過語言而已。當他們的演出行動逐漸展開，在他們的語言所呈現的，和演出行動所呈現的，這兩者之間的差異就會變得很顯著。這種演出方法的先驅就是心理劇。

以心理劇為方法

　　心理劇在希臘文裏面指的是「靈魂的演出」。生命中的故事是治療性的劇場，也就是心理劇的媒介。透過心理劇，人們可以將他們經驗中的世界向外表達出來：戲劇化的情境中，他們將生活中的狀況演出來。劇場情境用來探討一個特殊的時間、地點，和狀況。狀況是由主角來述說，述說的人就如同希臘悲劇裏面的敘事者。從心理劇修改而成的AMP方法，其中的敘事者是夫妻。

將心理劇應用到演出派的心理治療

　　演出派的心理治療，是使用引導式的戲劇行動，並根據社交關係所發現的，去探索心理上、個人的，或是人際的問題。AMP的方法可以幫助治療師更多的了解、更有同理心、並且發展出新而有效的方法，來和他們的個案建立關係。治療師能夠自發地和創造地去評估和反省他們對個案做心理治療的晤談過程中所使用的臨床技巧。

將心理劇應用到夫妻治療

　　透過 AMP 的應用，也就是創意的修改心理劇的過程，夫妻會開始察覺到他們的障礙、創傷，和溝通的問題。沉重的老問題，或者是沒有辦法調適因應，都能被改變。新的自發性想法會產生，新的行為模式也會融進適應後的角色。就像 Moreno 所說的：「……心理劇，所產生治療的效果，不只是在觀眾身上，而且也在製作者身上——演員，他不只是演出這場戲，同時也從當中獲得解放」（Moreno, 1947, p. 5）。

心理劇的三個階段

用在AMP的心理劇，分為三個階段，其過程包括：(1)暖身，最初的階段，當夫妻和治療師提議演出情境時；(2)演出行動，當主角（一個伴侶）被帶到表演的場地，開始角色扮演時；和(3)結論、尾聲，或者事後分析，當參與者（另外一個伴侶和治療師）討論他們對所看到的表演有什麼反應，以及他們對主角的認同和共鳴。導演（治療師）使用這個階段來避免任何批評的可能性，並且幫助主角和輔助自我（另外一個伴侶）一同分享。分享可以是語言的或非語言的，強烈的感情往往是顯而易見的。不過很重要的一點，永遠不要讓主角覺得他或她是孤單的，即使只是和治療師分享。

🌱 暖身的階段

AMP的暖身階段，是從其中一個伴侶開始解釋他或她的狀況開始的，也就是會顯示出他或她的自我外在的層面。就在這個時候，如Toeman（1948）所指出的，「是輔角的任務……透過撕下外層，攪動這個人，來進入更深層次的感情表達，也就是這個人外表看得到的以及當那個人述說的時候所透露出來的那些經驗和形象……」（p. 436）。

在心理劇當中，暖身能夠凝聚成最大的力量，創造出改變的

可能性，並且找出最核心的問題（Buchanan, 1980）。也就是說，在述說的過程，夫妻的社交關係和角色選擇，就會開始顯露出來。

🍃 演出的階段

在夫妻治療中，心理劇的演出階段，是讓一個伴侶創造出他或她經驗中的一個特殊情境，他的伴侶就幫助他來扮演任何一個主角所沒有扮演的角色。例如：伴侶可以選擇一個過去滿嚴重的創傷或者一個沒有滿足的需要，是影響他或她在這個關係中的目標。由於夫妻發現很難把他們的目標真正的表達清楚，所以建構出一個情境，就可以減少在描述這個目標時所會有的含糊和誤解。

AMP的治療師邀請夫婦從演出其中一個伴侶的目標，直接轉換到演出一個過去類似的痛苦經驗，是看到目標的那一幕而引發出來的。因此，第一幕就變成通往過去情境的情感之路。通常其中一個配偶對關係的未來目標，是和夫妻結合之前所發生的痛苦經驗（通常是在童年）連結在一起（Chasin et al., 1989）。當演出過去的事件時，述說的伴侶扮演他／她自己，而殘酷的、否定的，或不體貼的他人角色，則由治療師來扮演。這些角色不讓伴侶來演，是為了避免負面移情的可能性。一旦痛苦的情境演出來之後，達到了宣洩的效果，就可以改變腳本和角色，在重新建構的情境中，就可以使用伴侶做為輔角，在那裏他／她就可以扮演保護者或健康者的替換角色。

🔊 尾聲的階段

在演出階段的重新建構情境將要結束的時候，就是尾聲的開始。如果治療師在演出過程中有扮演一個角色，他就成為伴侶的角色楷模，並透過示範如何分享，開始治療過程中的分享階段。治療師會解釋為什麼盡量不要給予忠告和意見，卻鼓勵一個很重要的過程，就是描述演出那個角色所感受到的經驗，接著是描述那個角色是如何影響到他自己的生活；也鼓勵伴侶隨著治療師的引導，分享在互動過程中他／她所被認定的角色。在這個時候，治療師會要求配偶雙方不要變成說教，同時建議他們在下一次晤談開始時，可以先討論這一次晤談所產生的任何感覺和想法。這個過程是鼓勵配偶讓治療的過程，透過反省和整合，將效果滲入彼此雙方潛意識的角落和隙縫裏。

這個和生活很相像的治療模式，能夠讓治療師看見是什麼阻礙了婚姻關係中很重要的自發性。隱藏的角色和沒有看見的關係，都在表達和重整的過程中變得清晰可見。這是一個活潑的治療模式，過程中的各階段和嬰兒發展的階段滿相似的：「認同的階段（替身）；自我認識的階段（鏡子）；對別人的認識階段（輔角）；角色替換的階段（交心）」（Moreno, 1952, p. 248）。這些發展的階段也被心理劇治療師（也是臨床心理治療師）當作一種技術。治療師或扮演「別人」的那個人，是真的和個案互換角色，去扮演那個角色，包含姿勢和重複個案所說過的話，讓個案在別人演他角色的時候，可以聽見自己所說的話。

應用心理劇的基本原理到 AMP

在 AMP 的夫妻治療中，治療師和夫妻建立一個三角關係，並行使兩種功能，一個是輔助自我的角色，一個是透過微細、非語言的線索來指導演出的導演角色。他所使用的技巧包括下面：類似替身、替身、鏡子、輔助自我的角色和角色替換，以下會加以解釋。

AMP 應用到五個心理劇所使用的基本要素。第一個是演出的地點，或是演出所佔的空間，它創造出一個通往所有真實事件，包含幻想的管道。第二個是導演，Weiner（1969）將導演視為「引導戲劇的流程，建議角色的互換，處理抗拒，需要的時候加以詮釋，如果發生衝突摩擦的時候能將團體重新結合在一起，在困難的階段能夠給予支持，也能夠將戲劇帶向總結」（p.255）。

在演出之前導演／治療師必須問他自己四個問題：

1. 主要的問題是什麼，如何顯現出來？
2. 他們之間的協議是什麼？
3. 中心主題是什麼？
4. 出現什麼樣的角色？

做為導演，治療師從現在開始，轉向過去（或由過去轉向現在），在個案的歷史中找到一個點，是形成重要的聯合，接著而來的適應就變成問題（Penn, 1982）。在協議的階段，治療師的任

務是讓協議成為可行，包含了解並澄清曾經避開哪些困難，並且對這個人人格當中沒有發展、衝突的、缺席的，或者不完整的角色做出最初的假設。

第三個工具是主角，就是被選出來的伴侶。第四個是輔助自我的角色，這個支持性的角色，是扮演這主角在演出中不能出席的他人，例如：家庭成員。第五個是這個團體或是演出時的觀察者。

將這些工具修改成 AMP 的方法，治療師就是導演，夫妻或者其中一個配偶就是主角，任何一個輔助自我的角色就由治療師或其中一個伴侶來扮演，而治療師和配偶就做為演出時的觀察者。

🍃 替身

使用 AMP 的婚姻治療師最基本也最常使用的技巧就是替身（double）。替身幫助治療師將配偶的內在思想具體化，並且形諸於外，因此能夠肯定他們的特質，他們的優點。用第一人稱，此時此地的說法，並且用相同的身體姿勢，治療師加入夫妻一起演出。

替身演出的主要任務是「再度呈現個案所呈現的相同模式的活動、感覺、思想，和語言溝通的模式，用第一人稱的方式來說，就像是大聲的內在聲音」（Moreno, 1952, p. 244）。替身的功能是說出這個伴侶沒有表達出來的想法和感覺，幫助這個伴侶能夠認同某個特殊的角色，也挑戰伴侶的行動或行為。「替身的主要目的是探索這個人，幫助和約束，而不是迫害」（Toeman, 1948,

p. 437）。

替身，是 AMP 夫妻治療師所採用的主要角色，有很多種不同的使用方法，來將每個伴侶的各種想法和感覺表現出來。這個技巧能夠幫助每個配偶，對他或她的伴侶能自我表達得更深入和更多。在治療的過程當中，會訓練每個伴侶如何當他們配偶的替身。替身經驗的基礎有點類似朋友或情人之間那種直覺的感覺。當替身將他或她的伴侶，或是隱藏或是沒有察覺的某個層面界定出來，配偶的回應可以擴展他們相互的經驗。當替身的時候，配偶或坐或站在伴侶的後面，並且和他或她的配偶有相同的身體姿勢或手勢。配偶雙方會被訓練成在演出的時候做為伴侶的一個輔助自我的角色，就像下面的例子。

約翰和葛羅莉走進辦公室。葛羅莉垂著頭，有些被壓抑的樣子。她不太有精神，沒有眼神的接觸。他們坐下。

約翰：這將是一個好的晤談。葛羅莉對她媽媽很不高興。

葛羅莉：〔轉向治療師〕可不可以有一張面紙？

治療師：〔相信這個要求是葛羅莉對於約翰所敘述的狀況，表示同意，給了她一盒的面紙，然後轉向約翰〕約翰，你可不可以當葛羅莉的替身？站在她椅子後面，用第一人稱的說法，來表達出葛羅莉此時此地的內在感覺。

約翰：〔走到葛羅莉椅子的後面〕我好生氣！我自己的母親怎麼能說我不知道如何來愛我的孩子。

葛羅莉：〔回應約翰所說的話〕是啊，她從不曾愛我。她怎麼能那樣說。

因此讓約翰當替身的技巧，就可以軟化葛羅莉，表達出她的感覺。也讓她知道她的伴侶，約翰，真的了解她的感覺。一旦他能夠將葛羅莉沒有表達出來的感覺具體化，她就自然而然開放，就能夠講出話來。替身可以應用在治療過程中的各種不同階段。

替身的階段

第一階段的替身是在內心深處和他一同經歷那個經驗，在這個階段，治療師或者是配偶就扮演輔角，進入第二個階段的替身，就引發出更多的資訊，以及帶出更多人際關係的了解。

Hudgins 和 Kiesler（1984）提出一個三個階段的替身模式，包含第一階段，把焦點放在支持想法和感覺；第二個階段，增加情感的強度和面質；第三個階段，就是把主角非語言的行為用語言表達出來。

🌀 類似替身：與夫妻建立三角關係

配偶們常常是和治療師對話，而不是彼此對話，或者提出約定而不是增加他們的溝通，所以他們彼此就發展出對立的姿態。使用 AMP 的治療師透過類似替身（near doubling）的方法來和夫妻建立一個三角關係。治療師使用第二人稱的說法澄清和說明配偶所經歷的，維持蹺蹺板中心點的位置。在三個人當中把情感向外表達，加以說明，加以肯定，並且平衡力量，創造出一個均衡的三角關係。類似替身的技巧，治療師說出每個配偶內在沒有表達出來的感覺。不過，和替身不同的是，是採用第二人稱的表達

演出派
夫妻治療

方式。治療師為每個配偶轉變成類似替身的角色，然後又轉變為三角關係的立場，就這樣來回回的在配偶之間循環。每當任何一個配偶對對方的反應是不平衡的、是不真實的，或是誤解的，就重複這個過程。治療師這種類似替身的三角循環，是為了鼓勵配偶之間能有平衡的關係和自發性。

在婚姻協談開始的時候，AMP 的治療師使用類似替身的技巧，可以這樣問：「你這禮拜過得如何？」就如同下面所描述的。

辛蒂：〔用一種滿挫折的語調望著治療師〕我們吵過一次架。

肯恩：我認為我們只是意見不合，不是吵架。

治療師：〔努力要來平衡已經產生的互動〕呃，你們兩個人，似乎有一個不太平衡的互動。辛蒂，你剛說了對於這個禮拜你們關係的看法，就好像丟了一顆球到我們當中。然後，肯恩，你並沒有直接回應這顆球，你提出相反的觀點，並沒有澄清你對辛蒂所說的話覺得怎麼樣。你們的溝通就變成互相對立了。我來使用類似替身的方法，來看看我能否澄清你們之間的互動。辛蒂，妳是不是說妳對你們兩個人吵架感到失望？

辛蒂：是的。

治療師：肯恩，你是不是說你覺得辛蒂不去看你們相處的好的那一部分，相反的她卻挑剔，讓你覺得受到批評？

肯恩：是啊。

這種類似替身的形式，可以澄清夫妻之間不直接的溝通，也可以平衡關係，並且鼓勵夫妻表達得更清楚、更具體和直接的互動。

🐦 鏡子

鏡子（mirror）是一個有效的技巧，但是必須小心地使用，因為它帶有面質的意味。「鏡子是透過演出的行動，來對個案反映出在別人的眼中他或她像是怎麼樣」（Stein and Callahan, 1982, p. 122）。AMP 所使用的鏡子技巧，是當其中一個配偶問到他們看起來像怎麼樣，就像下面的例子。山姆和派蒂走進辦公室，看了治療師一眼，就坐下。

山姆：天啊，這一個禮拜好冷喔，氣象報告和其他事都真準啊。

派蒂：〔看了治療師〕哈哈，他認為他很有趣。

山姆：〔升高他的聲調〕你看她又來了。加上一點幽默有什麼錯？對我們而言這個禮拜確實是很冷，很冷。我不過是說實話。我應該什麼都不要說，我才不會惹上麻煩。你所要的不過是一個啞巴丈夫。好吧，這個禮拜很好，這樣你就會快樂了嗎？為什麼我永遠是當壞人？〔轉向治療師〕我從來不能做對一件事。我所說的到底有什麼地方不對？

治療師：〔聽見山姆的困惑和渴望有回饋〕那我們來嘗試一件事。我要看看是否用鏡子的技巧能夠回答你的問題，好

嗎？

山姆：〔聳聳肩，點點頭表示同意〕

治療師：〔轉向派蒂〕你願不願意試著回顧這個狀況來幫助你們兩個人更加清楚明白？

派蒂：〔聳聳肩，點點頭表示同意〕

治療師：〔從椅子上站起來，轉向山姆〕我要你來坐在我的椅子上，並且觀察我扮演你的角色。我要從門口的地方開始演起。〔轉向派蒂〕讓我們回到門邊，重新回到那個情境。〔用很誇張的方式坐在山姆的椅子上〕這個禮拜實在是非常的冷，非常的冷，氣象報告可是真準啊，天啊，其他事情也是一樣。啊，這實在是很冷很冷的一個禮拜──哈，哈，哈！

派蒂：〔點頭，重複前面所說的〕哈，哈，他認為他很好笑。

治療師：〔扮演山姆〕呃，嗯，我不過是說實話，完全的實話，全部都是實話。為什麼我永遠是壞人？我永遠〔更大聲〕永遠沒有辦法做對！〔站起來，走回原來的位置〕山姆，和我交換角色，回到你原來的位置上，我們可以繼續。〔交換之後，轉向山姆〕你剛才在那個位置上，有沒有讓你頓悟到什麼？

山姆：嗯，我剛才沒有想到我會那麼生氣。當我說的時候我並不覺得生氣，但是當我聽你說的時候，那樣子聽起來確實像生氣。難怪〔轉向派蒂〕你會覺得不高興。我不知道我會這麼讓人不舒服。

治療師：山姆，還有什麼事你想跟派蒂說？

山姆：〔轉向派蒂〕有時候我對於你冷冷的對待我感到生氣。
　　我覺得被漠視。

治療師：〔站到山姆的後面，用替身的方式〕而且我覺得無
　　助和脆弱。

　　在以上的過程中，這個鏡子的技巧提供山姆一個機會來看他
自己的行為，和他自己對派蒂生氣的感覺（治療師必須注意是否
有可能產生反移情的現象，也就是說，一些心理的感受從治療師
的私生活中投射出來，可以查看晤談的對白，如同後面的逐字稿
所描述的）。

　　將感官和知覺強而有力的組合在一起所得到的資訊，對夫妻
的自我察覺和溝通提供新的意義，也重組了他們的經驗。

🌿 輔角

　　另外一個技巧在發展到後面的階段時，對夫妻是滿有用的，
就是輔角這個角色的概念，可以幫助人去了解別人的角色經驗。
這個輔角自我的使用，是當 AMP 的治療師想要在演出當中加進
另外一個人或事，就像下面的例子。當瑪莉回應哈利的時候，瑪
莉和哈利的治療晤談正進行到一半。

瑪莉：我父親如果現在聽到你這麼說，一定會大為生氣。

治療師：〔轉向瑪莉〕讓我們來聽聽他會說什麼。你到角落
　　那堆零零碎碎的東西中，挑出一樣來戴或者是攜帶，然後

你坐在那邊的椅子上面，來扮演你父親。

瑪莉：〔走到那一堆圍巾和帽子當中，戴上一個棒球帽，然後回到被指定的椅子上，她手交叉放在她的肚子上〕

治療師：謝謝你加入我們〔伸隻手去握手〕。我好像不知道你的名字？

瑪莉：〔扮演她的父親〕比爾，我的名字是比爾。

治療師：現在，我知道你安安靜靜的坐在那邊聽瑪莉和哈利說話。你有什麼感想是想告訴他們的？

瑪莉：〔扮演父親，比爾〕我以為你永遠不會問呢。如果沒有人邀請就不應當去拜訪。我不會隨隨便便闖過去。我知道哈利的父母那樣做，但是我絕不會那樣。

這個演出幫助哈利很清楚的了解到瑪莉父親怎麼看他自己和女兒以及女兒新丈夫的關係。當哈利對瑪莉的同理心增加，這對夫妻就能夠解決他們的差異性。這樣的一個做法在後面的逐字稿中有更清楚的說明，在那裏我要求琳達去扮演她父親的角色。

角色互換

角色互換是 AMP 在幫助夫妻時所使用的另外一個有用的技巧，是發展到比較後面的階段時可以採用的，它可以幫助那個人去穿上別人的鞋子，保持界限，然後又能回到自我。「幫助個案對所有的角色有更多的了解，角色互換可以是很有效的，也能夠幫助自己對自我有更多的了解」（Stein and Callahan, 1982, p.

124）。當治療師要求配偶扮演對方的角色，為的是要幫助他們能夠從配偶的觀點來看自己時，就可以使用這個技巧。

在夫妻晤談過程中治療師所引發出來的那些感覺和想法，通常都可以往前追蹤到早期童年的創傷。這些創傷通常都是在一個狀況中，因為他是個孩子，他必須表現正常，而且壓抑他或她的感情來存活下去。也可能是處於一種狀況，也就是在早期的創傷中沒有辦法找到幫助。為了要建立起橋梁，從現在的情境轉移到過去（或從過去轉移到現在），治療師會問這樣的問題：「童年的什麼經驗和你現在所經歷到的衝突最相關？」

在夫妻晤談中，最常使用的角色扮演，是要求配偶去演出另外一個人的角色，或者是配偶過去生命中一個很重要的父親角色，這往往可以提供治療師一個機會，把配偶放進幫助者的角色。當角色互換在真實的情境中發生的時侯——配偶雙方都同時在那裏，就像在夫妻治療中——就大大的有機會真心的去接受不同的觀點，因為那個人就在那邊，等著說「那不是我所想的」。

角色互換的五個特別目的：

1. 獲得訊息。
2. 幫助配偶了解和更有同理心。
3. 協助配偶透過別人的眼睛來看他們自己（能夠去察覺自己的行為所造成的影響）。
4. 幫助配偶更有自發性，讓他們的思想更自由。
5. 回答自己一些問題，是只有本人才能夠回答的。

演出派
夫妻治療

　　AMP角色互換技巧，是當治療師想要幫助配偶有更多同理心的時候使用，就像下面的例子。梅格和吉姆走進辦公室，坐下，轉向治療師。

> 梅格：我試著要向吉姆解釋，如果能有一個週末到外面去，而不必帶著孩子，對我的意義有多麼大，但是他似乎聽不懂。
>
> 治療師：嗯，請你們兩個人交換角色，然後對這狀況來一段對話。〔吉姆和梅格交換座位〕
>
> 治療師：不要忘記採取你所扮演的那個人的身體姿勢。
>
> 吉姆：〔扮演梅格〕我需要休息，我希望能離開。我很累，非常的累。
>
> 梅格：〔扮演吉姆〕我們付不起。
>
> 吉姆：〔扮演梅格〕我們從來沒有單獨在一起。
>
> 梅格：〔扮演吉姆〕嗯，我們可以多外出。我們不需要整個週末。
>
> 治療師：好了，現在交換角色，換回你原來的位置。吉姆，剛剛你扮演梅格的角色時，你覺得怎麼樣？
>
> 吉姆：我精疲力竭，而且我強烈的感覺到被忽略，而且不被感激。
>
> 治療師：〔轉向梅格〕這是否正確的描述妳的感覺？
>
> 梅格：是的，我似乎一直都沒有辦法讓他了解，我覺得如何的被漠視。
>
> 吉姆：妳是對的，我一直忽略妳。我晚上回來，孩子纏著我，

妳知道我精疲力竭，我只想能睡個覺。這樣吧，我們去找
個保母，然後去外面過個夜。親愛的，對目前而言，一個
週末是太花錢了。讓我們馬上來安排去外面過個夜。

梅格：〔微笑〕好極了。

在某些情況之下，互換角色有時候會將牢不可破的狀況更加
地兩極化，因此就沒有辦法達到目的，就像第七章所描述的琳達
和艾倫的案例。用各種不同的方法嘗試要互換角色，但配偶雙方
都沒有將替身扮演得合宜，因此兩極化就變得更加地牢不可破。
例如：要求艾倫來扮演琳達從來不曾有過的、所盼望的父親角色。
她先示範她所盼望的父親是什麼樣子的，然後要艾倫扮演那個角
色，但是在演出的情境中卻沒有完全表達出來，因此造成夫妻之
間更大的對立。在以下的篇章中，會在逐字稿中探討更多角色互
換的例子。

演出派
夫妻治療

第
六
章

一對夫妻的接受
治療

演出派
夫妻治療

這個病例中的當事人是一對以前曾接受過心理治療的夫妻。我們拿他們在 AMP 這一段時間的反應，來檢視並探索治療的成效。

案例的詳細解說

艾倫和琳達

艾倫是個非常整齊，穿著體面的三十九歲生意人。剛開始治療的時候，他是大都市裏一家大銀行的副總裁。但在他們治療期間，銀行換了總裁，沒有給予任何的解釋，艾倫就失去工作了。兩個月之後，也就是一九九二年的年初，他加入一家貸款顧問公司擔任公司的貸款部主管。他的六十二歲、中上階級的爸爸，屬於一家嚴格的荷蘭更正教會的一員，也是個銀行家。實際上，艾倫的雙親在他們的教會中都是極具影響力的人，他們每星期天參加兩次的教會禮拜還有一星期好幾天的教會崇拜。艾倫在四個小孩中排行老大，兩個弟弟一個妹妹。他的父親是個嚴格的紀律執行者，當艾倫還是小孩的時候被他父親虐待過，在青少年的時候，因為吸毒和酗酒的問題，他在一個治療中心住院治療過一段時間。從那時候開始，他變成一個心理治療和個人發展的堅定擁護者。他和他的弟妹並不親近，當他的弟妹調皮惡作劇時，艾倫會因此被處罰，他要被痛打到直到他說：「爹地，對不起。」他的興趣

是閱讀神秘懸疑小說（一星期好幾本）。他的自我察覺和用不同觀點看事情的能力加強了一點，但他對悲傷或同情的感覺，也就是他表達情感的能力是有些的遲鈍。雖然他總是輕聲的說話，但他的姿勢僵硬並且加重講話的聲調。當他面對自己的形象時，舉例來說，他很訝異他在錄影機上所呈現的嚴厲樣子。最近他因為感冒一直沒有好，加上慢性支氣管炎的問題，試著戒菸但沒有成功。這是艾倫的第二次婚姻；比較年輕的時候他曾經有過很短暫的一年婚姻。

艾倫和琳達已經結婚十一年了。結婚七年後，艾倫有過外遇，而且曾經離開他的老婆和小孩四個月。在他和琳達結婚以前他就認識西爾維亞了，實際上，在艾倫和琳達結婚前，他們三個在同一家銀行工作。西爾維亞跟她的先生分居了，艾倫因為關心這情形，開始和西爾維亞一起共進午餐。慢慢的午餐變成了曖昧的性關係。琳達意識到艾倫的疏遠，問他是否還愛她。經過幾次否定外遇的情形，艾倫終於告訴琳達他的痛苦，並說他想要離開她，因為他愛西爾維亞。琳達求他不要離開，並說只要他留下來，他可以來來去去的隨他高興。但經過兩個月，琳達要求艾倫離開，因為這情形使她快發狂了。艾倫搬去和西爾維亞和她四歲的女兒住了四個月，然後又回來了，說他想念他的家庭，而且他要試著挽回他的婚姻。西爾維亞繼續纏著艾倫，並且常打電話到艾倫的辦公室和家裏。因為已經快受不了這情形，艾倫和琳達開始接受夫妻治療。治療了三年，然後不知怎麼地就停止了。在參加過一次社區醫院的上癮關係（addictive relationships）研討會後，他們來到我這裏接受治療。我向他們之前的治療師詢問情形，在電話

中她告訴我艾倫在治療中對琳達的不忠實和懷疑的行為。雖然這位治療師沒有事實的資料，她相信艾倫還是跟西爾維亞在一起。艾倫和琳達兩個都告訴我，他們相信他們之前的治療師責怪艾倫搞亂了婚姻。

琳達有兩個兄弟。她的弟弟是同性戀者。她來自藍領階級的家庭，媽媽是生產線上的工人，從琳達的童年到青少年階段，她的媽媽一直都在上夜班。琳達的母親是個酒鬼，但並不承認自己有酗酒的問題，她常常被琳達發現晚上睡在家裏不同房間的地板上。琳達的爸爸患有糖尿病，他的右腿五年前被截肢並裝上義肢，他好像適應得很快，但他依賴他的老婆去做家中大部分的粗活。琳達在她十三歲的時候被診斷患有糖尿病。雖然她抱怨她身體的症狀，她的父母不理會這個診斷好一段時間，直到有一天她陷入昏迷狀態。

在接受夫妻治療前，琳達先接受了一年半的個別治療。在那之前，她依賴艾倫每天幫她注射胰島素，和處理因缺少胰島素而產生的休克，這情形幾乎每個月都發生。在接受治療後，休克的情形就減少了。

這對夫妻有兩個小孩，莫依拉八歲，立五歲。莫依拉有尿失禁的問題已經好幾年了，她的父母幫她尋找過好幾種不同的藥物治療。目前她在當地的一家心理健康診所看心理醫師。這對夫妻將這個問題歸咎於遺傳的問題，因為艾倫說他自己小時後也有過尿失禁的問題。琳達原本很厭惡莫依拉的問題，在接受夫妻治療後，她對這個小孩的看法改善了一些。但是，她還是傾向比較喜歡她的兒子立，一個充滿活力，很會講話，又外向的小孩。

這對夫妻目前有很大的經濟壓力，因此更加重了他們個人的問題。艾倫因為房地產的投機買賣，他要付好幾筆很高的抵押貸款。

步驟

錄影可以監控這對夫婦的進展。我之所以要錄下 AMP 的晤談，是因為一般相信攝影機可以更清楚地抓到每一次晤談中看得到和聽得到的各種變化。這樣做可以幫助我決定如何改進AMP程序。

在一個初步的研究中，Markman（1979）評估了夫妻互動錄影的效果，就像許多其他治療師所做的，他注意到錄影的過程似乎不會對治療的過程造成影響。儘管大部分的客廳都沒有攝影機，大部分的夫婦，完全投入在治療討論中時，他們完全忽視了攝影機的存在。Markman 的研究證實了我的理論，並反駁了攝影機會阻礙了一個「真正的」互動的說法。

在收到書面的同意書後，錄影的夫妻心理治療晤談就開始了。這些晤談的口頭部分會被逐字抄錄下來，作為分析這對夫婦和我之間的互動情形。這些逐字稿包括：

1. 晤談中這對夫婦和我之間實際的對話內容，
2. 我自己的獨白（在晤談的時候，我心中的內在對話），
3. 針對這對夫妻回頭檢視晤談過程時的反應，以及我的獨白，

我有一個事後的反省。

這裏我將呈現兩次晤談：第一次會看到在這個治療過程開始時，這對夫妻和治療師是如何互動的；第二次是將要步入結束時候的治療策略。

夫妻們一次又一次的重複相同的行為。關係剛開始所感到的愛的熱度，在他們遭遇挫折時，變成了相同程度的恨。當他們尋求完整感的時候，都相信他們的配偶有這個能力來提供這個完整感。夫妻治療師需要協助他們處理他們過去生命中的殘缺——也就是夫妻「想要表達或表現的飢渴」。使用 AMP 提供一個機會來切斷一對夫婦的重複行為，這些重複行為就是在尋求親密關係時所經驗到的掙扎。

這對夫婦，艾倫和琳達，提供了一對夫婦被舊的角色所困住的絕佳例子。當艾倫來晤談時說：「我們會有一個很棒的晤談，琳達在氣她的母親。」琳達則用索取一盒面紙來回應。她對我解釋她的母親在電話中怎麼對她說：「我不認為立感到妳愛他，他睡覺時總是需要抱他那條讓他有安全感的被單才能入睡（幼兒期時候）」。琳達憤怒和失望得說不出話來。艾倫有沒有用確定她的感覺來回應呢？沒有，他只是聳聳肩的說：「我不知道那像是什麼……也許她的意思並不是像妳所想的那樣。」琳達過去是不被愛、不被肯定的小孩，而且她現在還是，艾倫有對這個做出回應嗎？沒有，他裝出那個壓力很大，冷靜超然的父親角色，那是他從他自己父親身上學來的。我提醒艾倫有關琳達的童年，確認和解釋她的母親從未帶她上街買東西，也從來沒買過新的東西

給她（她所有的衣服都是別人穿過的），她的母親因為工作緣故，晚上從來不在家，當琳達早上上學時，她也不在（她在睡覺），之後艾倫的角色開始有了轉變，並對琳達有不同的回應。他會試著說：「我也是，我並沒有感到來自我父親的愛。」這樣子，琳達覺得比較被了解、被確定，並且她的努力得到了回饋。

　　一個不能提供自發性的婚姻關係，不但無法創造出對關係加入生命力和活力的角色，反而繼續維持過去的承繼的角色，行為表現方式也是來自於老舊的角色模式，這造成伴侶的孤立、疏遠，和社交的抑制。

　　在某一次的重複循環中，當我們在探索艾倫和琳達所感覺的情感強度時，身為一個治療師，我有能力帶領他們透過某種形式來抒發強烈的情感，這樣能使他們為彼此來澄清他們的想法和感覺。雖然這是個痛苦的過程，但他們能開始改善他們的溝通形式，並冒險走向一個能讓彼此更親密的互動。

　　艾倫和琳達做這個治療已經將近兩個月了。在逐字稿中可以看到，這次晤談的暖身是從討論艾倫在這最近兩個月的身體病痛開始，還有我努力地將琳達放在幫助者的角色。

　　在這次的晤談，艾倫一進來就很進入狀況。當他們說話的時後，他們似乎很激動、很熱烈，而且失去了控制。雖然我期待他們這樣，但這時候我還沒有預備好面對這件事。他們彼此相處的模式是互相投射，雖然我很熟悉，但是剛聽到時還是令我困惑。他們的這種溝通模式，我已聽過了，而且還幫他們找出一些解決之道，但很顯然的並沒完成，因為他們現在又開始了。

　　他們被困住的無助情況是很明顯的。琳達有著她自己無法好

好掌控的嚴重糖尿病問題,她期待著艾倫來幫她;很明顯的艾倫也有病,但他不像琳達一樣有著嚴重的慢性病問題。艾倫的困難是面對情感,而且他並不清楚自己的感覺。不去面對自己空洞的情感問題也是一種慢性病,他將這問題轉移到去注意他自己許多輕微的、煩人的生理症狀。他們夫妻兩個都遭遇到相同的問題:那就是心靈的焦點放錯地方,而且他們的夫妻關係沒有得到良好的滋潤。

前面談過,最有效、最基本,和最重要的概念就是替身,也就是治療師替個案表達出來。唔談開始不久之後,我開始明白透過使用替身的概念,我能舉例表達出每一方真正要說的話和意思;在這時候,我利用替身幫助艾倫表達出他需要一些空間和時間的需求。

反移情的可能性

治療師也需要確定為他或她自己與這對夫婦的社交關係上的聯繫。任何反移情的可能性在發生之前需要被轉移或改變。在進一步深入的工作之前,最好清楚自己是治療師的角色,而不是讓有些意見隨便的從你嘴巴溜出。這個在下一章中會談到。

與夫妻進行治療時,治療師要問他或她自己的問題包括:

1.這對夫妻是否讓我想起個人生命中認識的其他夫妻?
2.夫妻任何一方是否讓我想到自己生命中認識的其他人?

3.面對這對夫妻的互動時，我現在有什麼感覺？我以前什麼
  時候有過這種感覺？

治療師的平衡行為

真好笑，在晤談開始的時候，我試著要這對夫妻互換角色，
希望他們獲悉彼此的感受。當然，我需要幫助他們使這情況很清
楚，我做得太快了。你在逐字稿中會注意到我沒有為琳達扮演足
夠的替身，所以她沒有感到自己被體會而願意來扮演艾倫，但我
立刻再次的體會她的感受。

那一次之後，角色互換進行得非常地順利，直到琳達出現越
過線的問題，迷失在她丈夫的角色中；而艾倫則指出要脫離她的
角色，他覺得他的界線太容易並太多次被琳達跨越了。琳達得到
一些激勵後，重新回到她的位置，如果不是為了等她向艾倫證明
她有能力做角色互換，那時我可能就把它結束了。所以角色互換
又繼續下去，直到艾倫失去了他的界線並將這歸咎於他的感冒。
身心症是這對夫婦安全的防衛區域。（如果我因衰弱而遲疑，
那是因為我身體上的一些小病，不是因為我無助、有需要或生
氣。）

角色互換之後，讓雙方檢討另一方的角色，並探討在角色互
換中得到什麼樣的領悟，以及幫助彼此改變角色是有幫助的。然
而，角色互換幫助艾倫意識到他跟琳達的問題。這是有關她沒有
幫他了解到她渴望強烈的情感。艾倫回憶到生氣的事情，中斷了

他的角色互換。在晤談中探討這些事件之後，治療師幫助艾倫和琳達有能力去討論有關他們對彼此的沮喪，和他們關係之中有關身體和情感方面的問題，還有他們想要擁有親密關係的掙扎。接下來的這一章會清楚呈現這些治療的片段。

演出派
夫妻治療

第七章

晤談初期的逐字稿

晤談中的對話	治療師的獨白
〔艾倫和琳達進入辦公室，艾倫看起來很憔悴而且咳得很大聲。〕	這個病人一直患有身心症的問題。我不知道該怎麼做。我很想知道我是否已清楚的讓他察覺到他自己患有身心症的問題，或至少知道他對察覺自己的感覺有困難。我需要做的是替他把自己的感覺清楚的表達出來，透過替身說出來。我覺得我一直都在這樣做，而實際上，我想，在某個程度上我已厭倦一直試著幫他暖身，但沒看到任何的改變，就像看到一部電池已經沒電的車子一樣。
治療師：不要告訴我你感冒了。〔好幾個月前當這個治療程序開始時，艾倫就不斷地患有不同的毛病了。〕	
艾倫：是啊〔笑著〕這件事將是我們今天的主題。	
治療師：好啊。琳達，妳有相	嘿，喬依絲，聽起來好像妳在

同的感覺嗎？

對他生氣，妳正看著琳達，想知道她是否站在妳這邊，並且試著讓妳的感覺被別人體會了解；妳並不是真的在陳述他們的狀況。這不是朝著為他替身的方向發展，是嗎？

琳達：他去看另一個醫生。〔當她說這句話的時候，她交給艾倫我上星期要他們看過，並這星期交回的願意被錄影的同意書。〕這裏，你也必須簽名。

治療師：〔看著艾倫已經簽好的同意書〕哇！這兩個簽名有很大的不同。

現在有艾倫生病的問題，有琳達對待艾倫如同小男孩般的對他說：「你必須簽這個。」現在妳又加上有關字跡不同的事情來，那是在混淆問題，或只是在說妳是感到壓力呢？

琳達：看那簽名，每個人總是問他是不是醫生？〔艾倫用聳肩來回應琳達的解釋。〕

110

治療師：〔回應艾倫的聳肩〕這不就是你上次因為感冒開始感到不舒服的時候？

嗯，我想這裏我只是要回到剛開始時的主題，就是艾倫有困難的地方。當琳達說每個人認為他是醫生時，我應該可以用替身他的方式來回應，但現在已太遲了。我當時可以用替身替他說：「這些期待都會令人感到無法招架的。」我應該可以那樣做的，但時機已過。現在我覺得很力不從心。

艾倫：對啊，六月或七月，那時是胸口不舒服。

治療師：在那之後是……

琳達：〔在艾倫還沒咳完就回應〕是你的耳朵。

治療師：然後就是……

喬依絲，我知道妳正在想他長期生病的問題，但妳並沒有當他的替身。妳什麼時候要當他的替身，而不是要求他自己去了解怎麼一回事呢？

艾倫：咳嗽。

111

治療師：然後是你的牙齒。

艾倫：我的背。

治療師：嗯，至少回到你的頭。

艾倫：上次開始的時候是頭不舒服，但我沒有鼻塞。

治療師：你的身體在告訴你什麼？

喬依絲，把妳聽到的訊息用替身表達出來，而不是問他是否他的身體在對他說什麼。

艾倫：我不知道。它告訴我已經到了中年。實際上我現在比較接近四十歲而不是三十九歲。我的身體在抱怨將近三十年的虐待。

治療師：嗯，那你生命的前十年呢？

喬依絲，在妳要這個男人回到過去並了解他是怎麼得到身心症之前，妳需要去當他的替身。妳沒有耐心，而且很顯然地妳在心煩。但妳在煩什麼呢？

艾倫：當我是個小孩子時，我
　　　沒有虐待我的身體。

治療師：〔想起艾倫小時候遭
　　　受父親虐待的事情〕不，
　　　你沒有。是你爸爸做的。

艾倫：嗯，那是事實，但當我
　　　是小孩的時候我有運動，
　　　我沒有抽煙，我父母要我
　　　吃什麼，我就吃什麼。

治療師：你現在沒有抽煙吧！
　　　有嗎？

艾倫：〔逃避這個問題〕那是
　　　因為其他所有的事情都不
　　　對勁。

治療師：所有的事？

艾倫：所有的事！〔他又開始
　　　咳嗽。〕

治療師：〔聽到琳達嘀咕的聲
　　　音〕琳達，妳有意見嗎？

琳達：他沒有好好地照顧他自

己。

艾倫：她認為我應該吃維他命
　　　C。

琳達：今天早上我對他說：
　　　「你為什麼不吃感冒藥或
　　　什麼的？」他說：「我以
　　　前就告訴你了，除非我覺
　　　得更糟糕，否則我不吃感
　　　冒藥的。〔更大聲〕我不
　　　要吃感冒藥。」我對他
　　　說：「你看，對維他命這
　　　類的東西，我不會總是同
　　　意喬依絲的話，如果你吃
　　　些阿斯匹靈和維他命 C，
　　　但沒有作用，那又會怎樣
　　　呢？」

艾倫：這不是感冒。我只是耳
　　　朵和喉嚨不舒服。

琳達：〔模仿艾倫的話〕美國
　　　醫藥協會說，沒有證據顯
　　　示維他命 C 可以治療感
　　　冒。

治療師：妳在轉換角色嗎？

當她模仿艾倫的話提到美國醫藥協會時，為什麼不當她的替身，反而問她是不是在轉換角色呢？喬依絲，妳沒有在當她的替身。妳需要當她的替身並說：「艾倫，你令我煩惱，艾倫，你沒有照顧好你自己，那使我覺得很挫折、很無助。」喬依絲，妳沒有用替身來替她說話。

琳達：不是，這是我們今天早上的談話。他總是不聽。

艾倫：以前我吃過維他命 C，但沒有任何幫助。

琳達：嗯，美國醫藥協會也並不認為按摩師有什麼幫助，但最近，你認為那是上帝給這世界的禮物。

艾倫：回到背的問題，儘管他辦公室所有的手冊，我……

琳達：你拿手冊做什麼？

艾倫：我只是想看看他們説些什麼，也許我有耳朵感染或……

琳達：〔打斷艾倫〕那你為什麼告訴我要帶小孩子去看按摩師。

艾倫：我只是隨便亂開玩笑。

琳達：你不是。你嚴肅得不得了。〔轉向治療師〕妳看他生病了，還出去買啤酒，説啤酒能減輕他的感冒症狀。

艾倫：啤酒的確使我覺得好一點。〔轉向治療師〕我們為了這件事吵了整個週末。

治療師：你們吵些什麼？

我想在這個時刻，當她提起有關他出去買啤酒的事，妳需要再一次當她的替身，因為她母親是個酗酒者，而且持續不停

116

地喝啤酒，買啤酒的事有可能引發她心中的害怕。

艾倫：我不知道。

琳達：我們只有今天早上吵架而已。

艾倫：我們整個週末都在吵架。

治療師：哦，你一定覺得好多了，要不就是她覺得你好多了才能吵架。已有一段時間你沒告訴我，你們整個週末都在吵架。

嗯，喬依絲，對妳而言，那不是很好的方法來脫離這個嗎？重點是他們兩個都沒說出對彼此的感覺。妳需要當他們的替身的，但妳太生氣了。

艾倫：我們經常在整個週末不斷地吵架。

治療師：聽起來好像你們處於戰鬥之中。

艾倫：感冒只是讓這事情更嚴重一點而已。

治療師：讓我們聽聽你的說法。

艾倫：〔轉向琳達〕我們在吵些什麼？

我想這是個完美的機會來向艾倫指出他自己必須知道吵些什麼，而不是又一次給她機會來批評他（這也是這十分鐘來她一直在做的事），然後再對她生氣。當爭執時，有一些事她想說但沒說出來，或他不想要討論。在這時候，我似乎錯過機會，我會想出法子來的。

琳達：不同的事……，像星期日我們沒有和愛琳及山姆出去……，要不要砍掉前面的樹啦，還有一些其他的事。

治療師：為了這些吵了三天的架？

琳達：我想有三天吧。我想其中有兩天是因為他整個週末都在生病，所以我們無法和朋友出去。我們原本可以有很棒的一天的。

治療師：〔轉向艾倫〕什麼事

喬依絲，妳明知道通常都是因

讓你不高興？	為琳達沒有說出藏在她心中困擾她的事，所以她才一直吹毛求疵，妳為什麼還問艾倫什麼事讓他不高興？
艾倫：我沒有生氣，她才是。	
治療師：那些讓她不舒服的事當中，哪一件事是因為她生氣，所以你也被惹火了？	天啊，這個陳述很難了解，而且在此時是無關緊要的。我知道妳相信他經常能夠分辨出他們爭吵的主題，但是當他將這些事挖出來並向妳指出的時候，她依然沒有替身替她說出來，而且隱藏在她吹毛求疵背後的敵對情緒還是一樣沒有表達出來。
艾倫：似乎也沒有什麼任何特別的事，只是她整個週末咬著我不放而已。	
治療師：你無法確實掌握那是什麼事嗎？〔聽到琳達嘀咕的聲音〕琳達，妳在旁邊有什麼意見呢？	

艾倫：對啊，我也想聽聽看。

琳達：好啊，我很想知道，為什麼你認為如果我們星期天和孩子們出去的話，我們不會玩得很開心。

這時候，在艾倫回答琳達有關星期天下午的問題之前，妳應該用替身替琳達表達出她的生氣和沮喪，而且幫她說明她對他們沒有出去的感受，而不是允許她繼續問問題。她藉著用問題來避開她自己對艾倫敵對的情緒，以及她自己挫折和無助的情緒。

艾倫：嗯，那是星期天的下午，而且我們從星期五晚上就一直在吵架了，到那時候，我就是沒有興致出去過一個什麼美好的下午。

治療師：〔當艾倫的替身〕待在家裏和妳在一起已經夠糟了，妳想在那樣的情況下，我還要跟妳到公開的場所去嗎？這不就是妳正在說的？

艾倫：對啊，我只想要一個人
　　　靜靜。

琳達：嗯，我覺得如果你和別
　　　人出去，你會打破原有的
　　　生活慣例，然後你會覺得
　　　好些。

治療師：〔轉向琳達〕妳認為
　　　　儘管你們不斷的在吵架，
　　　　如果能出去走一走，就會
　　　　中斷吵架的事。但是艾倫
　　　　卻說：「我一直和妳在一
　　　　起，而妳所做的事就是吵
　　　　架，所以我只想一個人靜
　　　　靜。」

琳達：但是，我並不認為我們
　　　整個週末一直在吵架。

治療師：好吧，但他是這樣認
　　　　為的。

喬依絲，繼續多表達琳達內心
的情感。妳可以看出她對轉換
角色有困難，也無法了解他怎
麼回事。幫助她。這時候當她
的替身來替她表達，而不是說
「好」就好。當她的替身，她

121

才能更加察覺他的情感，然後她才能比較清楚的洞察他們之間的情形。

琳達：而且那不是我想要出去的唯一理由。最近我們都沒有在週末時和孩子們出去，而且我只是……〔聳肩、含著眼淚，話說了一半就停住了〕

治療師：我有個直覺，我可能錯了，但讓我試試看。〔轉向琳達〕妳為什麼不告訴艾倫困擾妳的是什麼？到妳的椅子後面去當妳自己的替身。

嗯，喬依絲，藉著鼓勵琳達當自己的替身，妳終於掌握到現在的情形，或者說至少鼓勵她表達自己，當妳更了解怎麼回事，妳就可以當她的替身。

琳達：哪一部分？

治療師：從禮拜五開始，並且告訴他什麼困擾妳。

琳達：我不記得怎麼開始的。

治療師：聽著，琳達，妳不需要想出例子，只要告訴他

謝謝喬伊絲，至少妳現在比較直接，也開始提供他們一些方

什麼困擾妳。

琳達：反正總是回到我身上。

治療師：〔相信琳達一定在想，「為什麼必須是我透露我的情緒」〕這是一個角色轉換的最佳時刻。〔轉向艾倫〕這是很棒的方式來去除你的感冒。你看，你沒有感冒了。你是琳達。

向了。

〔演出的開始〕在這時候建議做角色互換只是一種可能性，但可能不會成功，因為艾倫的情感還沒透過替身表達出來，而且無疑的，琳達的憤怒也一樣，還沒透過替身表達出來。所以她怎麼可能角色互換呢？若她尚未表達出她的憤怒，她將無法替身艾倫。是的，這是琳達習慣表達的方式，當她對她自己說：「哦，哦，我好可憐，我總是那個必須將生氣情緒顯露出來的人。」也許妳對她有挫折感，但用這個方式來表達，對她說：「琳達，我真的很沮喪，因為我們又開始聽到妳習慣的表達方式：『哦，我是個可憐的受害者，為什麼我必須第一個開始的？』妳要開場，因為是妳在壓抑情感。艾倫可能將一些情感隱藏在某

個地方，但他自己並沒有意識到。他是將自己從那些情感中解離出來。但至少妳察覺到妳的情感，所以試著把它們表達出來。」看看我是否能幫她說出來。喬依絲，當她的替身，哦，算了，妳已經說「角色互換」了，現在妳不能改變這程序了。

角色互換

治療師：所以，什麼困擾妳呢，琳達？

艾倫：〔扮演琳達〕嗯，事情的開始是我們正在看電視。

治療師：星期五嗎？

很好，妳安排好場景了。

艾倫：〔扮演琳達〕不，那不是星期五，那是週間。

治療師：妳在看電視……，然後對話是怎麼開始的？

艾倫：〔扮演琳達〕你為什麼不再吻我了？	
〔琳達扮演艾倫，轉過身，什麼話也沒說〕	
治療師：再問一次，也許艾倫沒有聽到。	這代表妳那個直覺是正確的。當琳達對艾倫有這麼多敵對的情緒時，她無法轉換角色扮演艾倫。但是，我想要妳再試一次，而非承認這是不合時機的步驟。
艾倫：〔扮演琳達〕〔更大聲〕為什麼你不再輕吻我了？	
琳達：〔扮演艾倫〕〔大聲地〕我不知道我是否輕吻了妳。好吧。我不知道我是否做過，就算我曾做過或什麼的，現在我不想談這件事，好嗎？	
治療師：你能描述當你說「好嗎」時心裏的感受嗎？當	

這個角色的替身。

艾倫：〔扮演琳達〕哦。

治療師：繼續做，在椅子後面 | 妳終於鼓舞艾倫扮演琳達，去
回答。 | 替他老婆表達出她生氣的情
緒，那是有幫助的，因為很明
顯的，他有能力來做這件事。
這至少鼓勵琳達去察覺自己的
情感，並了解到她先生實際上
也察覺到這些。

艾倫：〔扮演琳達〕我感到被
拒絕。

治療師：你感到被拒絕……哪
一方面呢？

艾倫：〔扮演琳達〕嗯，我覺
得好像不被愛。

治療師：〔為艾倫扮演琳達〕 | 那是替身有趣的一面。但是，
你都不要我，你也不花時 | 妳說的這些有關永遠不被需
間和我在一起。 | 要，和他從不花時間和她在一
起的事，如果在替身轉換角色
之前就說，會表達得更清楚
的。

琳達：〔扮演艾倫〕嗯，那是妳的問題。妳那些情緒是誰的呢？那些不是我的情緒。	也好，至少琳達現在進入她丈夫的角色中，而且似乎能記得，並正確地表達出她丈夫的角色。
艾倫：〔扮演琳達〕是你引起的。	
琳達：〔扮演艾倫〕我無法使妳感覺怎樣。	
艾倫：〔扮演琳達〕但你能幫忙。	
治療師：〔替艾倫扮演琳達〕你認為這是怎麼一回事？	好吧，喬依絲，妳替艾倫扮演琳達，並幫他有更多的察覺，那可能可以幫忙琳達比較清楚的了解她自己的情感。但是那可能變得有點混淆。但她的感情需要被更多的察覺和被體會了解，她的丈夫已做了一部分。所以，繼續吧，盡妳所能！
艾倫：〔扮演琳達〕我控制不住。	

127

治療師：〔為艾倫扮演琳達〕你知道嗎，當你開始這樣，我覺得很厭倦。

琳達：〔扮演艾倫〕嗯，去跟喬依絲說吧。

艾倫：〔扮演琳達〕你只是坐在那裏看電視，你根本不放任何一點心思在我或孩子們身上。

治療師：〔為艾倫扮演琳達〕除非我們到喬依絲那裏，我們才能好好的吵架。我甚至無法和你講話。

我想妳可能誇大琳達的妒忌，「事實上當喬依絲是調解者時，你就能和我講話。每次當我們單獨在家時，你不是覺得有壓迫感，要不就不理我或走進房去，並說我們可以等去喬依絲那裏時再討論。」那應該是用替身很好的機會，因為需要被更多的察覺和澄清的。妳這裏有一個機會，算了，我相信還會再有機會的。

琳達：〔扮演艾倫〕因為我們不能吵架。妳從來不願意

傾聽。妳一直有你自己的看法而且就一定要那樣。妳並不想聽聽別人的看法。所以我不想浪費我的時間為這爭吵。

艾倫：〔扮演琳達〕不，那是你，不是我。

治療師：〔轉向扮演艾倫的琳達〕他在告訴妳，他相信妳弄亂角色了。

首先，喬依絲，我並不驚訝她把角色弄亂了。妳有兩個人來幫她替身，已經幫她暖身到她開始察覺自己的感覺了，但她正在扮演他的角色，她如何處理這些感覺呢？還有，艾倫是對的，她說的那些話是在說她自己，而不是說艾倫。她相信說的是他，因為她將自己的情緒投射在艾倫身上。因此，現在會是停止這活動的最佳時刻。把這兩人放回各自的角色並討論這件事，而非繼續。把他們在角色互換中已被察覺出來的部分再深入探討：不被傾聽的感覺，和把時間浪費在重

複爭吵的挫折。

琳達：不，那是他說的，當
　　　……

治療師：不，不，留在角色
　　　中，你做的很好。

喬依絲，很明顯的，從一開
始，琳達對角色的轉換就有困
難，妳給這女人比給這男人更
多的困難，就像妳自己在配偶
角色中所扮演的，她需要支
持、肯定，和鼓勵，但妳只告
訴她繼續下去和更努力一點。
這些是妳個人的問題。

琳達：喔。

艾倫：〔扮演琳達〕你才是那
　　　個從不傾聽別人的人。

琳達：〔扮演艾倫〕妳甚至不
　　　和我講話。妳要等廣告時
　　　間。我應該要聽什麼呢？

艾倫：〔扮演琳達〕你應該關
　　　心我。

琳達：〔扮演艾倫〕我應該關

心妳，妳是什麼意思？

艾倫：〔扮演琳達〕你知道我
的感受，有關我的媽媽，
我和……的關係。

琳達：〔扮演艾倫〕嗯，那是
妳自己必須解決的事，妳
不能依賴我替妳解決。

艾倫：〔扮演琳達〕但你可以
幫忙……因為你和他們一
樣。

治療師：和他們一樣，你是什
麼意思？

琳達：〔扮演艾倫〕嗯，妳只
認為我用相同的方式對待
妳。妳不想我為妳做的那
些美好的事，妳只挑那些
……

艾倫：〔扮演琳達〕你沒有做
任何美好的事。你最後一
次買花給我是什麼時候？

治療師：〔替艾倫扮演琳達〕
或吻我一下？

琳達：〔扮演艾倫〕每天早上
晚上我都吻妳一下。如果
妳不要，我不會再吻妳
了。

治療師：〔替艾倫扮演琳達〕
你看，我甚至不能再提任
何的事，因為如果我提出
來，我得到的會比原來的
更少。

琳達：〔扮演艾倫〕但妳對妳
現在擁有的並不快樂。把
這些事提出來對我而言也
很難，但妳一定要把我逼
出來。

治療師：〔替艾倫扮演琳達〕
我總是一直在逼你說出
來？

琳達：〔扮演艾倫〕如果妳想

我並不確定這是否真的必要。
他自己做的很好。妳的重點是
什麼？

要什麼，妳就一定要。

艾倫：〔扮演琳達〕你看，不
　　　管做什麼，我總是那個必
　　　須改變的人。

治療師：〔替艾倫扮演琳達〕
　　　我永遠是那個必須改變的
　　　人，我總是在試著改變我
　　　自己，那你在做些什麼
　　　呢？你所做的事就是生
　　　病。

琳達：〔扮演艾倫〕是啊，好
　　　像是我想要生病。對！

治療師：〔替艾倫扮演琳達〕
　　　我必須忍耐你一直在生
　　　病，還有……

琳達：〔扮演艾倫〕妳必須忍
　　　受什麼？

艾倫：〔扮演琳達〕我必須聽
　　　你打噴嚏、打呼和擤鼻涕
　　　……你吵得我睡不著覺，
　　　你甚至不願意吃些藥來讓

你自己好受一些。

琳達：〔扮演艾倫〕因為我告訴妳，以前我告訴過妳，現在我再告訴妳……吃藥不能改善我的情況，所以我幹嘛吃藥？這樣妳覺得好些了嗎？

治療師：〔替艾倫扮演琳達〕對，因為我最近對你感到很無助。你一直在生病。

琳達：〔扮演艾倫〕我沒有讓我自己生病，我比妳還不喜歡生病。

治療師：〔替艾倫扮演琳達〕我可不知道。

琳達：〔扮演艾倫〕妳以為我喜歡這樣嗎？

艾倫：〔扮演琳達〕有時候。

琳達：〔扮演艾倫〕想想妳要的是什麼，我寧願身體健

康。

治療師：〔替艾倫扮演琳達〕
那麼，你為什麼不能健康
呢？

琳達：〔扮演艾倫〕如果我
能，我要。

治療師：〔替艾倫扮演琳達〕
喔，喔，當然。

艾倫：〔扮演琳達〕如果你吃
維他命C，你就會健康。

治療師：〔替艾倫扮演琳達〕
你沒有好好的照顧你自
己，你知道……

琳達：〔扮演艾倫〕如果妳給
我看篇文章，上面有醫生
證實維他命C可以治癒感
冒的話，我就吃。以前我
吃過維他命C，但對我一
點用處都沒有。

艾倫：〔扮演琳達〕就算我拿

文章給你看，你還是不會相信。你會說那醫生不知道自己在說些什麼。	
治療師：〔替艾倫扮演琳達〕除了這之外，任何我必須跟你談的事，我必須把它弄得有條有理完完整整，像個律師在準備辯論一樣。其實我只是想談一談，讓你聽聽，然後也許你會相信我。	喬依絲，我認為妳和她的先生已經替琳達扮演足夠的替身。已經深入探討不少了，現在妳要如何處理呢？我的意思是，這部分妳還要進行多久？
琳達：〔扮演艾倫〕妳在試著讓我相信一些妳相信的事，但我不信。	
艾倫：〔對治療師〕我搞不清楚了。我被困住了，可能因為我感冒了。	他現在搞不清楚了，這不會令人驚訝，因為琳達的角色已經透過替身充分的被表達過。他需要回復他自己原來的角色，並解釋在說這些對話時，他想到了什麼。他也許也有困難接受他自己的角色反映回來給他自己。

治療師：我正好奇你什麼時候
　　　　會這樣說，因為那不是你
　　　　回應琳達時會有的感覺，
　　　　對不對？你經常覺得你必
　　　　須向她解釋。我有可能説
　　　　錯了。

艾倫：也許是。我知道她對任
　　　何事都不信任。因為某種
　　　原因，當妳那樣説的時
　　　候，我快抓狂了。我同意
　　　妳説的話，但我不知道那
　　　是我的看法或她的。

治療師：是啊。但她扮演你的
　　　　角色扮演的不錯，是不
　　　　是？

艾倫：是的。

治療師：是不是她所做過最好
　　　　的演出之一？

這只是這個問題中的一面而
已，你並沒有勇敢的去解釋，
讓她在角色扮演中像面鏡子般
反映，對他而言有多難。在讓
琳達當艾倫替身時，妳並沒有
將艾倫的易受傷害和困難顯露
出來。

喬依絲，我想在這裏的界線已
經混亂了，我想對現在所發生
的事，妳跟他一樣的困惑。她
被暖身到察覺自己的感覺之
前，我想他有能力扮演她的角
色，但當她已暖身到能扮演他
的角色，他對停留在她的角色
中有困難。這需要更多被探
索，怎麼回事？

艾倫：對啊，相當的好。讓我很激動而且覺得不太舒服。我只是在看電視，而且我們並沒有吵架或之類的事。

治療師：當然，當她說有關輕吻或一些事，就從她那裏你所習慣的那舊有的、熟悉的角色冒出來。你又一次的感到她一直在要求，就沒有辦法讓自己來滿足她的需求。

我想這也是與艾倫分享的一個機會，當他與琳達角色轉換時，他能夠扮演她舊的行為方式，但沒有她新的反應。他不能做角色轉換，因為他很不確定，還有因為他對琳達舊的角色太生氣了，他很難看到她的改變。解釋那是可以理解的，而不是在驗收表演，而且那句覺得不太舒服的話，與他不能繼續扮演她的角色無關。為什麼人有時候會迷失了自己的角色，在某種狀況之下，是有不同的原因的。讓我們先來聽聽這對夫婦的話。不要莽撞的插入！

艾倫：如果她是單純的要一個吻，然後走過來說：「我

想要一個吻。」我就會給
她個吻。但她不是，她走
過來說：「為什麼你不再
那樣做了？」然後我們開
始吵架。

治療師：琳達？

在妳轉向琳達之前，這是替艾
倫扮演替身的好時機，並讓他
去察看自己的無能，以及從來
不能有效的表達出自己的感
覺。但妳沒這樣做，妳離棄
他。妳可以問琳達她怎麼想，
但一定要等到艾倫被替身充分
的表達過。

琳達：嗯，我不知道。我沒有
　　　只是說：「你為什麼不再
　　　那樣做。」我們那時正在
　　　看電影，那男生對待那女
　　　孩的方式看起來如此的美
　　　好……

艾倫：但那令我非常生氣，我
　　　們正在看電影，然後妳認
　　　同電影中的角色，硬將他

他當然會生氣，因為妳還沒有
當過他的替身，讓他把感覺表
達出來。喬依絲，他需要替身

們的感覺強加在我身上。因為當我看電影時，我並沒有那樣的感覺。電影不會讓我產生感情。

琳達：那什麼才會呢？

艾倫：我不知道，反正電影不會。非常少。

琳達：我不想讓這聽起來尖酸刻薄，我要說的是，在看電影時，你不會被劇情激發出相似的情愫，而且你從來沒有過類似那樣的現象。

艾倫：那不是我們正在談的事。

琳達：嗯，也許，但是……

艾倫：我們正在談有關電影讓妳產生一些感覺，但對我並不會。妳並沒有試著讓我有那樣的感受，相反的，妳靠過來說：「嗯，

來傳達他的感受。

這裏也是妳需要用替身替他表達的地方，並說：「我不是妳。我有不同的感覺，但並不代表我有問題，也不代表妳可以因這樣而對我有敵意，或

你為什麼從來沒有那樣的感覺？」

是妳有權利開始對我吹毛求疵。」喬依絲，妳需要用替身替這個男人說出他的心聲。

琳達：我想這部電影讓我意識到我所錯過的是什麼，或我會喜歡的是什麼。

艾倫：我知道是那樣。

琳達：但我並不是說就在那時和那裏，「我想要你躺在我身上輕吻我。」

在這裏要當她的替身並說：「我需要你的疼愛，我需要你來恢復我的信心，我需要感覺到溫暖和愛。」

艾倫：妳靠過來並依偎在我身邊說：「你為什麼不曾給我像那樣的輕吻？」

當他的替身並說：「我覺得被挑剔，我覺得無法招架，我覺得很困惑，我覺得我一直在被要求。」

琳達：那只是問問而已。

身為治療師的妳需要指出，她不需要為她的陳述說明，艾倫只是在告訴她，回答她的問題對他來講有多難，還有也許她可以聲明，她的問題並不完全是問題，那是對抗的、生氣的

聲明。

艾倫：嗯，那是個我無法回答的問題。

治療師：你所說的是你覺得被要求嗎？

艾倫：對啊。

治療師：去履行義務？

> 妳需要更深入探討——去履行什麼？解釋他需要履行不同的角色。他覺得他好像必須去履行一個情人的義務，他必須去履行一個供應者的義務，他必須去履行一個賺錢養家者的義務，還有所有他必須去履行的角色。琳達需要去意識到他所承受的壓力和他在某些角色中所感到的壓抑。

艾倫：對。

治療師：琳達，妳所說的是妳並沒有要求他去履行什麼，妳只是提出這個想法。

琳達：不，我想多多少少我是大聲的在請求。

喬依絲，對這些說法妳準備怎麼做呢？妳知道妳自己在做什麼嗎？妳所需要做的就是當琳達的替身和澄清她所說的話，而不是問她問題。當她的替身，如果妳錯了，她會糾正妳。

治療師：妳只是在反映。

琳達：嗯……

治療師：如果妳說：「嘿，我們不再這樣做了。」我想那會比較有幫助的。

喬依絲，拿掉「我想」。妳的聲明要明確，肯定他們。妳就說：「我相信如果妳說：『嘿，我們不再這樣做了』，那會更有幫助的。」

琳達：我不知道那會不會更好。

治療師：嗯，解釋妳只是在表達妳的感覺而不是要求，說明妳的感情，不是要求。或者說當妳真的感到羅曼蒂克，也能滿足情感

的需要？

艾倫：妳看，他們不會拍一部
有關這樣的電影，一個四
十歲男人，結婚十一年，
有兩個小孩，然後這個男
人感冒了，他們在接受治
療，而且沒有一件事是對
的。如果他們拍這樣的電
影，我就能認同他們。每
次妳看到兩個人在電視上
或電影裏接吻，那是感情
剛剛萌芽的階段，還有他
們的荷爾蒙到處氾濫。妳
不可能再擁有那些了。

治療師：你不可能再擁有那些
了？

當這個男人的替身！他在說：
「當我感冒了，我累了，我有
兩個小孩和我已經結婚了十一
年，生活是很難的。這樣的生
活是很難與幻想的電影聯想在
一起的。」喬依絲，當這個男
人的替身。不要問他為什麼不
能再做那些事。先讓他看到他
如何可以找到一個角色，在這

	個角色中他可以感到滿足和發揮潛力。電影中的角色並沒有為他提供這個。
艾倫：不可能了。當我們在約會的時候有，就這樣而已。那是我們僅有的。	
治療師：你是在說那已經從你的生命中消失了。	妳需要在這裏說明他是如何的需要改變角色。
艾倫：對。	
治療師：琳達，妳說呢？	喬依絲，在問她這個問題前，正確的替這個男人表達出他的感情，當艾倫的替身，而且在妳轉向他的太太，在妳弄亂一切事情前，要確定他的情感被探索了解。
琳達：我說我不認為那應該從我們的生命中消失。	
艾倫：我是說我不想被我的荷爾蒙控制住。	
治療師：你不想被你的荷爾蒙	

　　控制住？

艾倫：對。

治療師：你生命中的那段日
　　　　子，是痛苦的，也是很不
　　　　好過的。

艾倫：對，就像四年前，那時
　　　　我被嚇死了。

治療師：四年前？

艾倫：對。

治療師：當你有外遇的時候？

艾倫：對。

治療師：你認為那時是你的荷
　　　　爾蒙在作怪？

艾倫：我的確沒有表現理性。
　　　　荷爾蒙、情緒，它們都是
　　　　相同的。它們都來自荷爾
　　　　蒙。

治療師：所以你最不想要的，
　　　　就是再去感受到那些東

西，因為你會失控？

艾倫：對。

治療師：難道不可能找到平衡嗎？

艾倫：對。一種舒服的感覺。

治療師：一種舒服的感覺？

琳達：他在沙發的這一邊，我在沙發的那一邊看電視。

艾倫：她要我失去控制。

我想這時若將艾倫的相信琳達要看他失控，透過替身表達出來，應該是個好主意。探討那對他意味著什麼，也許這樣說：「我覺得妳要我失控，就像我父親在打我時一樣——妳要我去碰觸我的情感——嗯，我不會這樣做，他沒辦法逼我這樣做，妳也沒辦法。」幫他探索他所相信的：就是她要他處在一個失控的狀態。

琳達：我根本沒說什麼失控的

事。當你這樣說的時候，讓我想起你說我兩種速度──快和停止。所以你說的有關荷爾蒙的事，不是控制住了，就是都沒有了。

艾倫：我不認為我什麼都沒有。我可能沒有表達的很好，但我不認為我什麼都沒有。

琳達：嗯，我不是有意侮辱你，那是我所能了解的方式。你不要讓荷爾蒙來影響……

艾倫：我所說的是，當我看見兩個人在電視上接吻的時候，我沒有一定要親吻某個人的那種強烈感覺。

琳達：我也沒有。我不知道什麼讓你感覺我有，就因為我說了一些事。

艾倫：當我們在看電視的時候，妳這樣做，還有人……	
琳達：好啊，那我什麼時候應該，當我們在吃晚餐的時候嗎？	我想這裏若能將她的沮喪用替身表達出來，並這樣說的話應該很好：「我想跟你親近一點，我想要找尋方法來與你更親密，當我有時在電視上看到或別人這樣做時，這讓我更加察覺到我所缺乏的是什麼，以及當我們在一起時應該可以擁有的。」
艾倫：很好啊，妳就感覺那樣，但不要期待我也一樣。	
治療師：琳達，妳是說妳也並不是真的有什麼特別的感覺？	喬依絲，這不是問問題的時候，這是用替身替她說話的時候。她把無法與自己的內在世界相接觸的狀況投射到艾倫的身上，也就是她說的想要更親密的渴望。將她的渴望用替身表達出來，減少她所感到的孤

立和分離，和對住在一個與她父母相似的消沉環境而產生的挫折感，還有從她內心深處感到的疏離。

琳達：不，不是在那些特別的時刻。但有些時候，我覺得想要吻你或真的很想被吻。我不覺得我是失控的或我在善待我的荷爾蒙。我有幾次靠近你這樣說：「我很想要，」然後你說：「我不想，」或「我太累了。」就這樣子而已。我很好。我不會去跳樓或什麼的。

喬依絲，我想妳原本可以讓替身來替她表達，而且這樣說：「對你的拒絕做愛或擁抱，我有點不舒服。我並不一定感到被拒絕。這事並沒有讓我完全對你失去興趣。」

艾倫：〔聳聳肩膀〕

治療師：嗯，也許在那時刻她真正在想的，和你所認為她在想的並不一樣。也許，她只是想要和你有情感的相繫，並不一定是要做愛。

艾倫：有一大堆的方式可以用來相繫。

琳達：這真的很好笑！你會不會因此感到被侮辱，假設我們在看電影，然後他們在做一些變態的性行為，然後我說：「親愛的，你為什麼不再吸我的腳趾頭了？」或類似這樣的話。有時候你只是在看一部電影，然後他們在做一些不會發生在你正常生活的事，然後你正好有個想法：「親愛的，你為什麼不再做高空跳傘了？」你不會為這生氣對不對，會嗎？

艾倫：我從沒做過高空跳傘，但這不是妳第一次說那樣的話，那就是我生氣的原因。

琳達：我並不是說：「艾倫，

為什麼你不再吻我了?」
我的意思是,我只是坐在
那裏看電視和說⋯⋯

治療師:讓我試著澄清這些說
過的話。如果我錯了,讓
我知道。〔轉向琳達〕妳
是不是說:「艾倫,上次
我們做愛是什麼時候?」

琳達:當然,你上次擁抱我是
什麼時候,你上一次帶著
一些熱情吻我是什麼時
候?

艾倫:妳上一次吻我是什麼時
候,或妳擁抱我,或妳觸
摸我,或⋯⋯?

琳達:我們上一次擁抱、接
吻,或彼此觸摸是什麼時
候,或為了那事,做愛?

艾倫:妳告訴我多久以前。

琳達:在你耳痛和咳嗽之前。

艾倫：所以妳要我去做妳沒有做的事。我沒有這樣做，妳氣炸了。哼，妳也沒有做。

琳達：我是說因為你一直在生病，我已經兩個月沒做了。

艾倫：上一次我擁抱妳是什麼時候？

琳達：我不知道，我想我無法回答這個問題。

艾倫：妳上一次擁抱我是什麼時候？幾年以前？

琳達：你是記性很差，還是你就是不注意。

治療師：好了，他只是那樣說。

喬依絲，並沒有必要試著去使這個衝突降低或消弱。他們好像在比較誰在關係中讓步。我想妳需要幫助他們透過替身來表達和探索他們的情緒，而不是試著去減緩，減緩這情緒只

是隨便將他們的問題塞到地毯下而已。他們對減弱情緒已經很熟練，這種方式不會解決他們將不滿投射在彼此身上，和他們想駕馭對方，及逃避受傷的情形。

琳達：他讓我生氣。

治療師：我知道。

琳達：除了早上七點十分，或晚上十一點十五分，我是那個唯一給擁抱，唯一給親吻的人。

妳原本可以在這裏讓替身來替她表達，並這樣說：「我覺得好像都是我在主動表達感情，而有時候當我主動表達感情的時候，我的行為被看成想要做愛，但那不是我所想要的。我只想要被疼愛。」

艾倫：吻我或躺在我上面不是一個擁抱。

妳可以讓替身在這裏替他表達，並這樣說：「我覺得我好像需要去表現什麼；我覺得我好像必須滿足妳性的需要或渴望，就是這個令我無法招架和令我挫折。」

琳達：或揉揉你的背，或……

艾倫：上次妳這樣做是什麼時候？

琳達：我不知道，也許我對這事感到厭倦了，但我認為沒有超過兩個月以前。

艾倫：我不記得上次是什麼時候。

琳達：我知道，因為我不認為你會去注意到或甚至記得。關於做愛，前幾天我跟你怎麼說的？你說：「我必須問醫生。」你完全忘記我會怎麼想。然後當你從按摩師那裏回來時我問你〔那時並不是我有想要的欲望〕：「你有問醫生嗎？」你回答：「妳在說什麼？」然後我說：「我們前幾天說的事啊。」你說：「什麼？」然後我說：「你有沒有問

醫生有關做愛的事？」你重複的說：「妳在說什麼？」

艾倫：我記得有跟妳談過，妳說了有關做愛和我的想法的事，回想起來，是我在懷疑自己的身體是否還能有那樣的動作。我不記得我有說過要去問按摩師這事。

治療師：我想聽聽從前沒聽過的事。琳達說她從來沒有被擁抱。然後你說你從來沒有感到被愛和被她擁抱？

艾倫：她給我一個擁抱，或在臉頰上親一下，或很快的揉一下我的背，不是因為她想這樣做，而是她想要有回報。當她從沙發的另一邊爬到我的臂彎來的時候，她說：「我們來親

吻。」她是對我有所求。

琳達：我想我爬過沙發對你
　　　說：「我們來親吻。」那
　　　是很久以前了吧。

艾倫：也許是，但……

治療師：他不是這個意思。他
　　　的意思是說自從他生病
　　　後，他認為妳很難表現出
　　　感情或主動。現在是十
　　　月，那是八月和九月……

嗯，喬依絲，我想由妳來澄清艾倫所說的話是很重要的，看來妳做得滿恰當的。但是你需要讓替身替琳達表達來平衡妳的注意力，讓她可以看到，自從他生病後，甚至在試著與他相繫上，她是如何失去興趣。

艾倫：我不記得她有這樣子。
　　　我不會說她從來沒有這樣
　　　做。她不會過度熱情的。
　　　如果她想要什麼東西，她
　　　會吻我一下。如果她想要
　　　勾引出我的一些情緒，她
　　　會用吻我一下那樣的方
　　　式。但如果我坐在椅子
　　　上，她不會像小孩子一
　　　樣，走過來，伸出手來抱

我一下，然後走開。小孩子會走過來，從後面抓著你，然後抱住你。如果你想讓他們留在那裏，他們會抽身逃開。妳知道的，他們來了，然後又走了。

琳達：我有許多次擁抱你……而且不是因為我認為如果我抱你，你就會對我好。

艾倫：不，但我做了一些事，導致出那種回應。

琳達：當你對已經到了四十歲而感到非常沮喪、糟透了的時候，我不記得我當時是怎麼做的，但我真的有安慰你。

艾倫：對，我知道。我的意思不是說妳從來沒有這樣做，妳只是不太流露妳的情感。

琳達：我是沒有，我不是要說

我有，但如果和你做比較，我有。

治療師：〔轉向琳達〕所以妳是說妳並沒有在計算妳對艾倫示愛的反應有多少。

我想妳還要加上這句：「我很討厭也很生氣，你認為我一直在算計著如何讓你來回應我所想要的。」

琳達：對，如果我能得到我所給他的一半，我會欣喜若狂。

艾倫：我很懷疑。

治療師：什麼意思？

艾倫：永遠不夠多。

琳達：你怎麼知道。

艾倫：因為妳永遠不會記得我所做的。

琳達：嗯，那有可能是真的，或者你就是沒有……所以沒什麼讓你可以記得的。

艾倫：妳沒看見如果我起床幫

妳煮杯咖啡，和我擁抱妳是完全一樣的意思。

琳達：不，那是不一樣的。

艾倫：而且如果我煮晚餐，或我不怕麻煩的特意做一些事，那是一樣的意思。

琳達：對我是不一樣的。不要咖啡，只要擁抱我。

艾倫：那妳會抱怨我沒煮咖啡。

琳達：不，什麼時候我說過任何有關咖啡的事？

艾倫：妳沒有。

琳達：好吧，但我不知道為什麼一件事一定要跟另外一件事有關。

治療師：我想他是說妳以前常抱怨他從來不做事，像煮咖啡之類的事。現在他試著記得煮咖啡，但妳不承

認他在試著討妳的歡心。

艾倫：我是說如果我主動起床
　　　煮咖啡，我在為妳做一些
　　　事，而這件事與擁抱妳有
　　　相同意義的。

琳達：我告訴你，我寧可自己
　　　煮咖啡……然後得到擁
　　　抱。

我想妳需要再一次的用替身來
替琳達表達。要記得，不要再
度讓艾倫有替身替他表達，而
琳達沒有，要這樣來替她說：
「我需要一些疼愛和認同，有
時候我需要很多的疼愛和認
同，以至於我忽略了你的努
力，我要為此向你道歉。那是
我自己極度的缺乏。」

艾倫：妳不感激我所做的任何
　　　事。

琳達：那不是真的。我感謝你
　　　煮的咖啡。

艾倫：但妳沒有看見它真正的
　　　意義。

琳達：我不會將它看成擁抱，

我當它是個善意的表示。

治療師：〔對艾倫〕你的意思是，那是你給她擁抱的方式。你沒有流露出你的感情。

艾倫：我覺得我要為她做些什麼，所以我就起床來做。

治療師：而那樣子對你而言，比給一個擁抱更自然。

艾倫：對。

治療師：她要的是更親密的反應。

艾倫：在某種意義上那也是一種親密。我起床，然後我煮了咖啡，她也覺得很棒，我們坐在一起喝了十五分鐘的咖啡。

治療師：你覺得那樣很親密。然後你覺得她拒絕了你。

艾倫：當我那樣做的時候，她

沒有拒絕我。那是不久之後當她說：「你從不為我做些什麼。」我就是我，我只是跟她有不同的表達方式，而她不肯承認這事情的意義。她老是說：「是啊，那很好，但我要別的。」如果我不再煮咖啡，或不再煮晚餐，只是下班後給她一個擁抱，很快的我就會聽到：「你為什麼不再煮晚餐給我吃了？」

治療師：琳達，聽他這麼說，妳覺得如何呢？

琳達：我不知道。對我而言沒有一個平衡點。不是沒擁抱只有咖啡可以喝，就是除了擁抱什麼也沒有。嗯，平衡點在哪裏？如果你想要有擁抱，就能有擁抱如何？

艾倫：但我沒從妳那裏得到。

琳達：你有。

艾倫：妳上次擁抱我是什麼時候？

琳達：親愛的，我又沒有記在日曆上。

艾倫：那麼，我不記得了，妳記得嗎？

琳達：不，那是在你的背痛之前⋯⋯或你的感冒⋯⋯，也許因為我不想傷害到你的背或被你傳染感冒。好吧，我是從幾個月前開始的，但你呢？最少也要回到四年前。

艾倫：不是的。

琳達：是的。

琳達：這些年來也許有兩次除外，其中一次因為我不願意在早上做愛，你打了我

耳光。在這過去的四年
中，都是我主動要求我們
才做愛的。

艾倫：所以呢？

琳達：所以！

艾倫：所以，我們甚至不談這
事，我們談擁抱。

琳達：嗯，對我來講，這兩件
事是同樣的。還有除非我
們要做愛，你從不熱情的
吻我，而且你從不主動，
在這過去的四年中只有兩
次除外，只有兩次你帶著
感情吻我。

艾倫：我不是個熱情的接吻
者。

琳達：你難道不能練習，或讓
你自己相信。

艾倫：你也從來沒有熱情的吻
我，只有在很難得的時

候，當……

琳達：〔打斷話題〕但是，總是比你多。

艾倫：反正不重要。

琳達：我認為重要。

艾倫：反正不管是多是少，或誰做的多誰做的少，重點是妳不覺得親密，還有妳不會自動地或很自然地做，但妳卻期待我能那樣。

琳達：有時候我有。

艾倫：〔大聲的〕妳沒有。

治療師：他的意思是就算妳有，他並不這樣認為。

喬依絲，妳又在透過替身替他說話了，但這不夠。如果妳要當他的替身，妳也必須當琳達的替身。先開始用替身替艾倫這樣說：「自從四年前的外遇，我不認為妳真的原諒我，而且像以前一樣對我打開心房

和愛我。」然後琳達的部分，妳需要這樣說：「自從四年前的外遇，我們的關係已經改變了。我覺得在做愛這件事上我做的不夠好，因為你不主動要求親熱，還有我覺得我不是一個令人滿意、令人想要的女人。」在這個時候還不需要告訴她，她想得到無法從她母親身上得到的東西，那是不可能的。鼓勵她向艾倫求助。

琳達：不，就只因為他並不這樣認為，說我沒有做是不公平的。

艾倫：就像妳看不到我所做的。

琳達：當我在沙發上靠近你並說：「我們來親吻。」我們不需要做其他任何的事，我們就只是舒舒服服的吻個幾分鐘。

艾倫：是嗎……

琳達：是嗎，又怎樣？我這樣
　　　做因為我喜歡吻你。

艾倫：是嗎……

治療師：他有反應嗎？

琳達：嗯，他也吻我。

治療師：好。

琳達：我不知道……，有時候
　　　我希望他先有感覺。我不
　　　知道……，而非只是回應
　　　我而已。

治療師：聽起來好像妳要他去
　　　察覺妳有需要，然後來滿
　　　足妳的需要。我只是在想
　　　妳能意識到妳的需要，這
　　　是很好的。所以為什麼不
　　　來一遍，要他去享受妳想
　　　做的事，然後看看他做什
　　　麼？

再一次，喬依絲，她不需要被
反映回來。當她需要有替身替
她表達時，妳反映她。妳需要
說的是：「自從外遇事件後，
我覺得你對我不再有渴求，也
不想要我。我已忘記在外遇前
是不是不一樣，但我需要尋求
別種方式來跟你相繫，因為原
有的方式並不能鼓勵你主動對
我表現疼愛或和我親熱，那讓
我覺得我自己不夠好。」

艾倫：妳認為如果妳主動的做這些事，如果妳提出要求，一定是哪裏出錯了？

琳達：嗯，沒有錯。

艾倫：我從來沒有先做。

琳達：就像我說：「艾倫，送我玫瑰，」為什麼你不送些玫瑰給我呢？當你對一個人說了十次希望對方送你花或告訴對方你喜歡花，跟有人經過花店時說：「嘿，那會很棒的，」然後主動帶一束花回家當作驚喜。這兩種情況是不一樣的。

在她說完之後，喬伊絲，妳需要當她的替身說：「唉！也許你永遠不用主動示愛或親熱。不過，我需要找出方法來看怎麼辦，因為我覺得沒有辦法讓你激起熱情。」

艾倫：以前我都從A&P買花回家，但那不夠好，因為那不是我刻意特地去買的。

琳達：你滿口屁話，你把話講清楚。因為我總是感謝你的花……

喬依絲，妳需要扮演琳達並這樣說：「我生氣的原因，是因為你似乎總是認為我覺得你不

夠好，而且我從不感激任何你所為我做的事。那讓我很生氣。然後我的氣憤就這樣累積起來了。我不了解你買花給我，怎麼能就因為我要求，難道不能是你自己想到的嗎？那才是我所要說的。那好像是一生只有一次的事。我好像一直努力試著讓你知道我所想要的，但那看起來好像變成我一直在抱怨。那不是我的本意，因為我那樣似乎讓你感到自己不夠好。」

艾倫：〔打斷話題〕對啊，但那不是去花店還有……

琳達：我從來沒說過你必須去花店，我不曉得你從誰那裏聽來的。

艾倫：妳不是才說過我沒送妳花？

琳達：對，但我並沒說我會在乎花是從 A&P 或花店來

的。

艾倫：那是因為我從A&P買來
　　　的。

琳達：上次是什麼時候？

艾倫：已經好一陣子了。

琳達：當你從A&P帶花回來的
　　　時候，我很謝謝你。我並
　　　沒有說你從來不買花，我
　　　只是試著拿來做比喻，跟
　　　你要花然後收到花真好，
　　　要你吻我然後被吻真好，
　　　但當有人吻你是因為他想
　　　要這樣做，而不是被要求
　　　時，那會更好一點。

艾倫：但我給妳一些東西是因
　　　為我想要這樣做。我只是
　　　沒吻妳。

收尾的開始

治療師：我要打斷一下。我很
　　　高興你們至少吵了一架。

你們已經有好幾個月沒有像這樣講話了。也許你們無法解決這個問題，但至少在這對話中你們彼此的情感可以再度交流了。

艾倫：這個週末我們吵過架了。

治療師：那麼，你一定覺得好多了，要不就是她覺得你好多了。

艾倫：喔，我不知道。奇怪的事突然在感冒時發生。

治療師：〔笑笑〕琳達，好幾個禮拜來妳只是坐在這裏聽他講。

琳達：因為我一直讓他說。

治療師：因為……

琳達：因為我告訴他，在家裏時你不跟我講話。在這裏，至少我聽到你心裏在

想什麼。而且我知道你心裏堆了很多的事。那是我為什麼一直都這麼安靜。

艾倫：我並沒有忽略妳。

琳達：我沒有説你有。我只是在陳述事實。我不寄望你任何事。

治療師：但我想讓妳聽聽他説話是很好的，所以妳可以了解一些他的感覺。同時，我認為妳一直把妳自己的感覺憋在心裏，並不知道怎麼跟他有情感交流。

琳達：我沒有察覺到我把對他的怨恨藏在心裏。

治療師：嗯，也許妳沒有，但這是好久以來我第一次聽到妳自己的表白。

艾倫：我已經沮喪好久了。事實上，我這一輩子都很沮

173

喪。

治療師：哦，妳是這樣子的，哦？

我想妳應該承認並肯定她察覺到她一直都很沮喪，還有她有勇氣表達出她的沮喪，而不是說：「哦，妳是這樣子的，喔？」藉此鼓勵琳達去了解，在許多方面他讓她想到自己的父母一直都是那麼的沮喪，特別是她的母親，還有她自己一直也很沮喪，她沒有意識到有時候艾倫是很嚴重沮喪的，而且是在最近。琳達首先試著去解救他，然後從他那裏撤回，最後變得對他有敵意。

琳達：我不知道你為什麼沮喪。

艾倫：嗯，我感冒了，所以我覺得更糟。我累了，而且我在拖延。因為他們上星期所做的事，銀行現在有更多的問題。

琳達：他們上星期做什麼事？

艾倫：他們展示上一季的虧
　　　損，表示了他們將沒有能
　　　力付利息。

治療師：嗯，時間已經到了。
　　　我們下一個禮拜再來談這
　　　件事吧。

　　在進一步詳細說明使用 AMP 做夫妻心理治療，一個深入的
AMP 規則解釋是必須的，這將會在下一章裏解釋。

演出派
夫妻治療

第八章

應用 AMP 的規則

演出派
　　夫妻治療

AMP的規則，要求演出必須是在此時此地，不管他原來的衝突是什麼時候發生的（或者從不曾發生過）。為了要更正歪曲和功能不良的不平衡，夫妻必須在新的層次上統整他們的經驗或觀點。角色互換就是要達到這個目標，透過要主角重新去體驗、重新消化，而且再度統整這些經驗，並且在他們負面的影響之外繼續的成長，因此能夠變得更有自發性。

社交測量的使用

身為人類，我們都渴望有歸屬感，也都根據選擇過程的標準來選擇歸屬。一個人的創造力、生產力，並且有能力滿足和別人相處的時候所扮演的角色，是在於他／她是否有能力維持相處時的親密關係，而且有心理上的滿足。當你去看夫妻心理治療過程中心理上的滿足，就像前面所談的，治療師會使用社交測量去查驗這對夫妻所用的選擇模式——也就是這對夫妻選擇彼此時所使用的標準，以及他們選擇的時候，所存有的相互性。AMP的夫妻治療師可以使用以下的問題來探索夫妻的社交測量的模式：

- 在這個關係中，是誰選擇了誰？
- 關係是否是互相的，也就是有可逆性？
- 這個選擇的規準是什麼？
- 這規準是不是也是相互有可逆性的？

確實是這樣，一個人的社交測量在某些方面，也是從他的父

母,或甚至是祖父母的選擇模式演變而來的(Siroka-Dubbs
1990)。每個伴侶都是帶著他的社交測量的銘印——也就是在他
很小的時候,就從他的原生家庭刻下了社交測量的位置,這些都
會帶進他們的關係中。治療師在幫助夫妻探索他們歷代的社交測
量模式時,可以問每個伴侶以下這些問題,這包括:

- 你的父母是怎麼相遇的?
- 你的父母是否選擇彼此做為伴侶?
- 你的父母為什麼選擇生下你?
- 當你出生的時候,你的家庭是否接納你?
- 你的父母在他們的關係中和跟你的關係中,他們是使用什
  麼樣的角色?

當治療師發現以上問題的答案,就能夠看出每個伴侶的角色
模式,AMP心理劇的技巧就能夠派上用場。這些技巧可以幫助每
個伴侶發展出更多不同的角色,而且會吸取或者反映出他以前和
他父母那種沒有互相交流的關係。如果一個人在小時候,接收到
雙重的訊息,例如「我愛你,但是……」他就很容易去選擇和他
不會有相互且積極感情的伴侶。下面的這一幕,就可以看出一個
伴侶是如何的受到他們父母相處的風格所影響。

在他們的晤談當中,珍和彼得就產生一些習慣式的衝突:

彼得:(轉向珍)你這樣子就像我媽媽。

珍:不要這樣說。我跟你媽媽一點都不像。

治療師:(轉向彼得)讓我們來看看,怎樣把這些話演出來。

彼得，轉換角色來讓珍可以了解是什麼會牽引出你的感覺
和你的想法。

彼得：〔扮演珍〕（和珍交換座位，變成她的姿勢）我不需
要解釋我是怎麼花掉那些錢的。

治療師：（轉向彼得）請換回你原來的角色以及原來的姿勢。
現在告訴我，在你早年的生活中，也許是童年的時候，你
是否聽過或者經歷到類似像這樣對金錢的說法？

彼得：我的父母總是為金錢吵架。

治療師：珍，妳現在是否可以扮演彼得媽媽的角色？

珍：（很不情願的）好吧。

雖然，通常應該避免使用伴侶來扮演負面的移情角色，但在
這個例子中，彼得已經說明珍是如何地符合那個角色。

治療師：好吧，彼得，讓我們看看你的父母是如何為金錢吵
架，是怎麼發生的。扮演你父親的角色，以及他怎麼和你
媽媽處理有關金錢的事情。到那邊去，找出一條圍巾或者
從那堆東西中找出一樣可以披上的。

彼得：（戴上一頂扁帽，扮演他的父親，坐在椅子上，轉向
他的太太，莎拉，由珍來扮演）妳不能像這樣子的花錢買
衣服。因為妳這樣花錢，我這個月沒有錢可以付房租。妳
就像小孩子一樣。（用一種打發走的姿勢）我對妳感到厭
惡。

治療師：（打斷這一幕）彼得，讓我來扮演你父親的角色。

你坐在那邊觀察。

彼得：（困惑）好吧。

治療師：（進入彼得父親的角色，戴上扁帽，重複和彼得的
　　　母親莎拉的那段相同對話）

珍：〔扮演彼得的母親〕（重複，誇張聲調，音量和對白）

治療師：（當這一幕結束，站起來，轉向彼得）好吧，現在
　　　請跟我一起換回原來的角色。把扁帽放回角落的那堆裏面。
　　　（回復到他們原來的位置以後）現在，告訴我，你剛才觀
　　　察這一幕，你覺得怎麼樣？

彼得：（有些遲疑）你的說話很像我爸爸跟我媽媽，也就是
　　　說當我和珍談到錢的時候，我一定很像我爸爸。哇！

這又是一個社交測量的例子。社交測量說明了個體在選擇與
誰在一起，以及與什麼特定的情境或事件有關聯時，他認為重要
的規準和特質。選擇與誰在一起，是來自於一個人的信念系統，
現解釋如下。

個人的信念

附加在一個角色中的信念或是個人的束縛，是最不容易在演
出的時候直接表現出來的部分（Williams, 1989, p.66）。既然他們
是互動的，他們的意義或是功能，也只有在演出的時候才能夠觀
察清楚：所以，幾乎所有治療師需要知道的訊息，可以從詢問伴

侶有關角色的內涵和表現出來的行為得知。角色中所含的信念是
治療師在做角色評估時，最複雜的一部分，因為他們大部分是由
態度、假設、投射、堅信，和使他們沒有辦法付諸行動的期望所
組合而成的。一旦角色暖身預備好了，就可以開始有關信念的面
談。

信念

在晤談過程的開始演出之前，治療師會做一個簡短的面談，
就能夠更清楚的知道輔角的信念系統，而這場戲當中的伴侶，則
是以輔角的角色來被面談，就像下面這個片段所呈現的：

安：（轉向治療師）我母親不高興瑞克，因為他不願意參加
　　每個禮拜天在她家的家族聚餐。我覺得很衝突。我可以了
　　解瑞克禮拜六必須工作，希望禮拜天的時候能夠在家休息，
　　但是我母親很容易生氣。我不願意看到她這麼不快樂。
瑞克：（插進來說話）那個女人總是干擾我們的生活。
治療師：（轉向瑞克）我要你親眼看到和面對她母親的困難。
　　那樣也許你會對問題有比較清楚的了解，然後我們可以一
　　起來幫助安。
瑞克：我不知道那會有什麼好處，但是，好吧。
治療師：（轉向安）安，我要你把你母親帶到這裏來。走到
　　角落那堆雜物當中（一堆摺好的東西有各種的顏色和質料）

然後挑一樣東西戴上或披上來代表妳媽媽，然後坐在另外
一張椅子上。當妳坐在那裏，要確定妳像妳媽媽的姿勢，
使用她的手勢。（在安選了一件黑色的布料披在她的肩膀
之後，她坐在預備給她母親坐的椅子上。）

治療師：（轉向扮演她母親的安）謝謝妳今天來加入瑞克和
安。我很抱歉，我想我不知道妳的名字。

安：〔扮演她母親〕哦，我不訝異你不知道我的名字。瑞克
好像也不記得。他一直叫我媽。我不是他媽！他叫我媽，
卻對待我像個陌生人。

這個面談幫助瑞克看到，他對於安的母親所表現的行為是需
要被評估和改變的。在某一方面，他喊她「媽」，但是在他的語
言或非語言的溝通中，對她卻沒有一點溫暖。這就是一個人的信
念系統會向外表現出來的例子。

行為

使用 AMP 的治療師，對於一個活動連著另外一個活動的行
為順序感到很有興趣，就像事情發生的順序，可以從以下的例子
看出來。

瑪麗和她的丈夫，巴瑞，在夫妻一起晤談的時候，表示自從
他們的女兒生下來後，她的婆婆搬進來幫忙，她就一直很沮喪，
而且沒有性慾。夫妻治療師使用AMP，及時把夫妻帶回到過去，

具體的來看行為的改變，也就是瑪麗相信當她的婆婆搬進來的時候所發生的，並設定好場景，從時間的概念開始。

> 治療師：瑪麗，我們所討論的是哪一段時間？妳女兒出生是多少年以前？讓我們回到那一年。妳和巴瑞剛剛從醫院回到家。坐到另外一張椅子上，讓我們來確定那個時候妳的角色。瑪麗，妳幾歲？
>
> 瑪麗：二十九歲。
>
> 治療師：妳對剛出生的一個小女兒感覺如何？
>
> 瑪麗：還好。
>
> 治療師：瑪麗，走到妳的椅子後面，當妳內在感覺的替身。
>
> 瑪麗：（從椅子後面）我（遲疑的）害怕我沒有辦法照顧她。
>
> 治療師：（知道這些情況，然後站起來）瑪麗，過來。（牽著她的手）讓我們向前一段時間，也就是妳帶著嬰兒回家之後一個月。（指著圍巾）從那堆東西挑一條圍巾，抱著妳的嬰兒。她叫什麼名字？
>
> 瑪麗：蘇黎。
>
> 治療師：對於當母親，妳適應得怎麼樣？
>
> 瑪麗：我很緊張。媽媽和巴瑞似乎都替我照顧了。他們對蘇黎的需要知道得那麼多。當我抱她的時候，蘇黎似乎沒有辦法放鬆。媽媽總是知道如何來讓她安靜下來。

在他們的女兒出生之後，瑪麗對她和巴瑞以及她婆婆的關係所存的看法就逐漸地具體化了。做為一個見證者／參與者，幫助

巴瑞對他太太的觀點有更多的了解和同理心。

行為可以組成角色脈絡,也就是一個人認為自己和別人的關係,就像下面的例子。

建立角色脈絡

一個人和他的重要他人,他們關係中的相關時間和地點,都是透過這個個案的觀點所建立出來的情境。下面的回憶就是建立一個個體的脈絡性角色架構的例子:

治療師:蘇,妳多次提到你母親的干擾。那我們來設定一個
　　　這類互動會發生的場景。(牽著她的手,走到房間的中間,
　　　走著和說著)我們在哪裏?誰和妳在這裏?

蘇:(慢慢的想)嗯,我媽媽正在打電話給我妹妹。

治療師:還有沒有別人在這裏?

蘇:有,我祖母和我們一起坐在廚房。

治療師:好,妳的祖母也在這裏。現在請轉換角色,扮演妳
　　　祖母的角色。

蘇:(扮演祖母)(走到那堆雜物當中,拿了一條圍巾,把
　　　椅子搬到右邊,兩手交叉的坐下來。)

對角色的訪談

對於 AMP 的夫妻治療師而言，有一個很重要的指南，那就是要去探索有哪些角色，誰受到這些角色的影響，這些角色是對誰以及如何回應，以及後來發生了什麼事，就像下面的例子：

治療師：讓我們來看看是否對問題能有一個比較清楚的了解。傑夫，你是否介意在這裏當見證者，這樣你就能夠比較了解珊杜拉的處境？

傑夫：（猶豫的）好吧。

治療師：這是提供一個機會，讓珊杜拉把她母親帶來辦公室，所以我們才能夠認識她。

珊杜拉：（有點不太情願）我想是吧。

治療師：珊杜拉，妳到房間的中間那堆各式各樣的東西當中，抓出一個來扮演妳母親的角色，然後坐在那邊的椅子上。

珊杜拉：〔扮演她的母親〕（坐在指定的椅子上，在她的臉上蒙上一片黑紗）

治療師：對不起，我想我們沒有見過。我是珊杜拉和傑夫的治療師。我似乎還不知道妳的名字。

珊杜拉：〔扮演她的母親〕我一點都不奇怪妳不知道我的名字。自從珊杜拉和傑夫結婚之後，她根本不想和我有任何關係。傑夫已經改變她的想法。我的名字是葛羅莉亞。你

認為他會叫我萬羅莉亞嗎？不！他喊我媽媽。我不是他的
母親，我也不想成為他的母親。我有一個女兒，還有一個
兒子，但是他已經去世了。如果這個年輕人以為他可以取
代巴比的地位，他就錯了。

治療師：萬羅莉亞，謝謝妳，妳幫了很大的忙。珊杜拉，請
轉換角色。

　　觀察這一段訪談，扮演母親角色的珊杜拉，幫助傑夫能夠對
於珊杜拉的母親，和珊杜拉對她母親的關心，表達了他的同理心
和了解。他和珊杜拉繼續討論有哪些方法可以更幫助他們。

　　當我們使用演出派的心理治療來幫助夫妻，有一點很重要，
就是當你讓其中一個伴侶演出的時候，你要讓他／她在那個角色
中接受訪談。治療師就需要去問一些特別的問題，並且設定好情
境。

　　‧什麼是他生命中的重要他人，以及角色的各種關係？
　　‧誰對這個問題最感到困擾？
　　‧誰感到無助，他們會向誰申訴？

　　Moreno把這個詢問的過程稱為「狀況的起源跟發生」，也就
是強調事情是怎麼發生和演變的。

　　就像Bateson（1979）所說的，一個角色所處的情境，可以讓
別人看出來這個人在某一個特殊的時空中會有的反應。治療師可
以透過一個方法來確定，就是問：「在這個特殊的場景中，發生
了什麼？你在跟誰說話？還有誰在那裏？這個人認為發生了什麼

事？」這類的問題，能夠讓演出精確，時機也對。有時候在一個
情境中演出某個角色，就可以將現實的狀況加以延伸，就像下面
所解釋的。

AMP 使用現實的延伸

　　現實的延伸是 AMP 所使用的另外一個技巧，治療師可以增
加和擴展對現實狀況的影響力，來提供主角一個機會重新去經歷
困難的情境，而且也因此有機會修正他／她的反應。那種反映個
案嬰幼兒時期的場景，那時候他／她必須完全不一樣，或者壓抑
他的情緒才能夠存活下來，可以重現出來，加以演出。伴侶可以
被帶回過去那個場景，並且代表在那個時候曾經在那裏的某個人，
譬如母親、兄弟姊妹，或者阿姨姑姑。在 AMP 當中，角色可以
擴張、強化，和過火的演出，來包含現實延伸之後的所有層面。
一張空椅子也是 AMP 時常使用的另外一個工具，來代表某個不
能出席的重要他人，或者是某個伴侶正在和他互動的人。這樣將
各種資料組織在一起，就能夠讓這個人把情境呈現出來，加上治
療師的協助，就可以創造出一個新的事實，也就是他／她的伴侶
和一個重新建構他的問題以及解決辦法的機會。所謂擴張或現實
的延伸，並不是模仿或者反映現實，不過是一種讓伴侶演出伴侶
的感覺和觀點的方法，讓他們在治療的情境中，情感和個人的觀
點可以彼此結合。
　　夫妻治療中現實的延伸，能夠讓治療師來幫助夫妻去經歷心

理劇的現實，也就是這個伴侶（主角）真實或者是想像情境中的觀點。這包括對自我的探索，就如同下面的對白所呈現的。米奇和莎莉來晤談的時候已經遲到了。

> 莎莉：（坐下，轉向米奇）米奇下班較晚。
>
> 米奇：我今晚實在不想來。今天簡直是糟透了。我昨晚睡不好。我做了一個夢，覺得好像永遠沒有辦法清醒過來。聽起來很蠢，但是我夢見有一頭怪獸追我，我沒辦法逃走。我試著努力，但是很絕望。
>
> 治療師：（轉向米奇）很有趣。讓我們重新建立這個場景。轉換角色，讓我們看看那頭怪獸。（面向房間角落的那堆圍巾）選一條圍巾來為那個角色裝扮自己。

　　有時候在這種情況之下，治療師或者是伴侶可以扮演輔角的角色。由治療師來扮演輔角的角色，任何和這個角色相關的負面感覺或想法，就不會移轉到他的伴侶。

> 治療師：（指著地板）現在扮演出怪獸的形狀讓我們看看。
>
> 米奇：（從那堆中找出一條橘黃色的圍巾，裹在他的頭上，然後四肢跪在地上）
>
> 治療師：（對著扮演怪獸角色的米奇說）你是誰？
>
> 米奇：（吼叫著）我是他的恐懼。
>
> 治療師：你在這裏多久了？
>
> 米奇：（扮演怪獸）好久好久。

治療師：米奇知道你嗎？

米奇：〔扮演怪獸〕（生氣的）他試著不理我，但是（大聲
　　的）我是不可忽視的。我（更大聲）變得更大更大。他是
　　沒有辦法從我這裏逃走的！

治療師：怪獸，謝謝你加入我們。還有什麼其他的事你要我
　　們知道？

米奇：〔扮演怪獸〕你已經知道了。我已告訴你，（更大
　　聲）不准不理我。

治療師：怪獸，好的。米奇，轉換角色。（轉向米奇，他已
　　經回到他的位置上）我要你用一分鐘來想一想這頭怪獸。
　　（停了滿長一段時間）你是否覺得和莎莉在一起的時候，
　　有時候像是一頭怪獸？

米奇：（想了一想）是的，我是，但是只有偶爾一次。

治療師：（轉向米奇）告訴莎莉，跟她在一起有時候像什麼。
　　我會透過替身來協助你。

米奇：〔點頭並且進行〕

　　這個練習幫助米奇解釋當他想要取悅莎莉的時候，他如何轉
變成被動／侵犯的姿態或角色。這時候夫妻就能夠更深入地討論
某些狀況，也就是他們功能不良的角色是如何形成的。他們也就
能夠對他們彼此的行為和恐懼有更多的了解。

　　各種角色的脈絡架構，以及他們發展出來那個延伸的現實世
界，是透過場景的設定所建造出來的，它包括建立空間、時間，
和與該場景相關的人物。

場景的設定

　　將主角暖身到能夠演出，與別人會心，有一部分是透過場景的設定形成的。要先建立此時此地的時間、地點，和人物，就像下面的片段：

瑞奇：（對著治療師）我不了解她。

治療師：（進入類似替身的位置）那一定非常挫折。

瑞奇：是啊！

治療師：（轉向珍）妳是否知道那天瑞奇並不了解妳的反應？

珍：有一點。他說得不多。

治療師：（轉向這對夫妻）好的，讓我們來試這個。我要你們兩個人一起回到我們所討論的那個事件發生的時間，然後用此時此地的方式來彼此對談。我會在需要的時候走到你們的後面，把你們的話用替身說出來。首先我們要設定場景。那是哪一天？你們兩人在哪裏？按著需要在這個房間的角落設定場景。誰在那裏？現在，是幾點？發生了什麼事？

瑞奇：是星期二的晚上。孩子們剛剛離開餐桌。

珍：（點頭）我想是星期三。

瑞奇：不，是星期二。我必須把垃圾拿到路邊。

珍：（安靜的，表示同意）哦，是的。

治療師：（總結一下，想要更進一步將場景弄得更具體）好吧，你們兩個人都在餐桌上，是星期二的晚上，孩子們剛離開餐桌。瑞奇，將椅子擺成你們兩人在餐桌上的位置，開始你們當時的對白。

選定輔角來扮演家庭成員

當時彼得和阿黛兒在夫妻晤談過程中已經過了一半：

彼得：（轉向治療師）這簡直瘋了。我現在腦子裏面可以聽見我母親的聲音。

治療師：彼得，這是常見的。我們時常會有我們生活中輔角的形象或樣子。

彼得：（困惑）喔，這很有趣，因為有時候我覺得阿黛兒就像是我父親。

治療師：（轉向彼得）你可不可以表現給我們看？設定場景，我們才能夠讓阿黛兒來演出你父親的角色。你的父母是在哪裏說這段對白？

彼得：在客廳。

治療師：布置一下房間。

彼得：（指向他的左邊）他總是坐在電視機那邊。

治療師：好吧，擺出他的姿勢。

彼得：（擺出他父親的姿勢）

治療師：（訪問扮演他父親的彼得，伸出手去握手）亨利，
你好。（在一些介紹的對話之後）告訴我，你和你太太相
處得怎麼樣？

這一幕就一直讓它持續到高潮，然後治療師就要阿黛兒和彼
得重複這一幕，但是由阿黛兒來扮演彼得所希望的父親角色，來
與他的母親相處（母親是由彼得扮演）。下面接著由阿黛兒來扮
演他們目前關係中他所希望的角色。然後阿黛兒就接受彼得對她
做角色訓練，也就是彼得希望他和她在一起的時候她所扮演的角
色。接下來討論或者總結，也就是讓夫妻彼此來分享他們在那個
角色裏面覺得怎麼樣，以及他們對過去這些角色的熟悉性，以及
這些角色如何對他們今天有幫助，這樣就可以結束了。

使用比喻

夫妻治療師可以透過將比喻具體化，在演出的時候創造出一
種轉移。例如：如果夫妻之一卡住了，治療師可以問他：「你想
要跟我們分享你關係中的什麼精華？」或者，去強調互動中情感
的表達，治療師可以要求其中一個伴侶用他／她的身體來擺出一
個姿勢來代表他／她的感覺，或者表達對以前的事他／她的反應。
將「彷彿好像」加入情境當中，會更加的多采多姿而且更有真實
感，因為生命中的重要他人是由伴侶來扮演。在晤談當中，艾倫

告訴我在婚姻中他覺得如何的「精疲力竭像累死了一樣」。他用了「累死」這樣的表達方式，接著就透過替身來更深入、更真實地表達出來，艾倫就因此能夠對琳達表達出，在婚姻中他所必須扮演的醫生角色，是如何的把他拖垮。

訓練伴侶當波此的替身

治療當中有一部分是訓練夫妻如何當替身，這是一個對每個伴侶都很重要也很有用的技巧，而且可以應用在每天的生活中。這種訓練的例子可以在下面的對白中看出來。比爾和南希笑著一起走進辦公室。

南希：（坐下來，望著治療師笑）好，我要開始了。我們的兒子吉姆逃過一劫。比爾總是他想要什麼就給他什麼。這一次是給他一部新車子做爲生日禮物，這簡直荒謬。我還沒有跟比爾說任何話，因爲我不想引起爭端。我知道他不會懂的。

治療師：（轉向比爾）比爾，在你還沒有告訴我更多之前，你認爲你了不了解南希的感覺？

比爾：（看了一眼治療師，他點頭）

治療師：好吧。讓我來解釋我要做什麼。我們的晤談到現在爲止，都一直是我在替你們兩個人當「替身」。就像我幾個禮拜以前所解釋示範的，一開始的時候我到你們每個人

的後面，扮演替身的角色，用第一人稱的方式，彷彿我就是你來說話，試著將你內在的感覺表達出來，然後你可以修改或者再加以詳細說明。

比爾：（點頭表示同意）

南希：是啊。

治療師：在我當替身的時候，我會站起來，走到你們的後面，把我所認為的你們的內在感覺表達出來。現在，我要你走到南希的後面，用第一人稱的方式來把你所認為南希對於你為兒子吉姆買一部車會有的想法或感覺表達出來。不要擔心一定要說得完全正確。如果你錯了，她會修正。

比爾：（點頭表示同意）好吧。

治療師：（轉向南希）我要妳認真的聽比爾所說的，然後加以修正或者詳細說明。

南希：好的！

比爾：（扮演南希的替身，走到南希椅子的後面）我不敢相信，你沒有先告訴我就給吉姆買部車。但是為了避免有更多的麻煩，我最好什麼都不要說。吉姆會認為我不希望他有一部車。

南希：是啊。你怎麼能夠這樣對待我們自己的兒子？我認為你怕他生氣。

治療師：（轉向比爾）比爾，請坐下，回應南希對你的看法。

比爾：（坐下，轉向南希）

治療師：南希，請重複你最後所說的話，這樣比爾才能夠回應。

南希：我認爲你怕吉姆，而且想當個大好人，這讓我非常憤
　　　怒。

比爾：（有點含蓄的）我眞想不通。當我十七歲的時候我一
　　　直希望我爸爸給我一部車。我一直等到二十一歲的時候，
　　　我才自己賺錢買到車子。

　　比爾當南希的替身替她表達，幫助他對她產生同理心，讓他
能夠對自己的行爲有所了解，也能夠去體會南希的感覺。南希，
也就不必壓抑她的感覺，這通常轉變成對丈夫的怨恨，而開始能
夠和比爾針對這個意外事件來討論。在這部分結束之後，他們就
可以開始彼此交心，像下面所說明的。

交心

　　有關和人彼此互動的重要性，在 Moreno「交心」（encoun-
ter）的概念和原則中有詳細的解釋。所謂交心，是指兩個以上的
人聚在一起，「不只是彼此互相面對面，在他／她的權利之下，
能夠彼此透過演出的方式來經歷彼此生命中的點點滴滴」（More-
no, 1956, p.13）。交心被視爲所有人際相互關係中最主要的形式，
「也就是透過別人來了解自己」（Moreno, 1956, p.13），可以說
是在自己和別人當中架起橋梁。這種相遇相交的影響力，對每個
人而言都是自我肯定，同時也自我提昇。在幫助夫妻的時候，治
療師就是要激發每個伴侶和別人相遇相交的能力。

197

透過使用社交測量的工具，例如心理劇，來探索夫妻的社交測量，可以幫助夫妻增進和別人相遇相交並且相繫的能力，就如同以上的對白範例。

其他的技巧

演出派的心理治療還使用其他的技巧，包括：

獨白——其中一個伴侶的獨白。

治療師的獨白——治療師沒有說出來的獨白，表達其中一個
　　伴侶隱藏的思想和感覺。

自我演出——其中一個伴侶演出他自己或她自己、他／她的
　　父母、兄弟姊妹，和任何一個重要他人。

多重替身——其中一個伴侶的好幾個替身，每一個描述不同
　　的層面。

對未來的投射——其中一個伴侶描述他／她對於未來的憧憬，
　　其中包括時間、地點，和人物。

重新練習——當一個伴侶嘗試新的角色。

這些技巧呈現在下面幾章的晤談逐字稿中。

夫妻治療中的移情作用

　　夫妻在長期的親密關係中分享共同的奇妙，這個充滿奇妙的歷史中包含了生活中的各種狀況、文化的情境，以及因著共同經驗而感動的家庭事件。通常在這種奇妙的、感情很深的關係中，自我當中不易接受的部分，就會投射到伴侶身上。治療師的目標就是要統整所有這些投射的角色，這個過程中需要能夠承受、堅持、耐心，和不斷的檢討，在後面的晤談中你就可以看到。移情作用因此就成為同理心或是契合的一部分。

　　透過具體化和戲劇化，AMP 能夠幫助夫妻將所有的了解組合在一起，拓展他們認知上的觀點，也勾起並表達出那些用其他方式就沒有辦法表達的感情。只要自己（或者一部分自己）變成一個身外之物或者另外一個人，就比較容易具體化；當演出可以成形，就能夠戲劇化。當一對夫妻在談一件事情的時候，通常他們是不可能去控制互動以及那件事情對於情緒上的影響。不過，當他們進入由治療師和他們一起演出的情境中，這種彷彿好像的經驗就會變得非常重要，因為他們就會開始思考感覺和重新塑造，像他們在真實的情境中一樣。那些肢體上和語言上的暗示就會被放大，以至於能和治療師產生互動。輔角（伴侶或者治療師）和演出的伴侶實際上真的更換位置，並且重複他／她的伴侶所說的話，讓他們的伴侶可以確實地聽到他／她自己所說的話。當你演出別人的角色，輔角的角色可以拓展他／她的經驗，因此就能夠

對別人有更深的了解，也能夠表達出他／她平常所避免或不敢去表達的。

社交測量的吸引和排斥支持並鞏固生活和與人相交的許多層面。與人契合的相互吸引力、社交原子、心理劇，和角色理論都是為了要幫助夫妻發展出彼此交心、會心的能力。這些都是AMP在幫助夫妻時所使用的社交測量中的一些重要概念。

夫妻治療師的暖身預備

當夫妻治療師暖身預備要使用 AMP 來幫助夫妻的時候，他需要能夠記住幾個重點：

1. 晤談的目的，也就是這對夫妻的目的是什麼。他們各自有什麼期望，一起有什麼共同的期望？
2. 這對夫妻想要你認定什麼樣的**角色**，什麼樣的角色會讓你覺得自在？
3. 你會用什麼樣的**結構**？你是否能夠自在地使用AMP？你有沒有想到加進其他的模式？
4. 你會用什麼樣的**步驟**？你有沒有想要先介紹AMP的某種技巧？對某種 AMP 的工具，你是否需要先讓這對夫妻暖身預備一下？你是否提供暖身和降溫（收尾）？

在暖身預備使用 AMP 之前，有幾個場景設定的要素一定要先做到：

1. 和這對夫妻或者是伴侶設定一個原先狀況發生的**時間**。

2. 設定**地點／空間**。

3. 設定**各種角色**。誰在那裏？他們在做什麼？那些動作怎麼表演出來？

4. 在你的心中要有**衝突**的概念——也就是衝突的假設性。

5. 將這些要素預備好，然後才進入此時此地的**演出**。

　　如果爭吵是發生在六年以前，回到過去那個時間，讓他有如發生在現在一樣地演出。

　　對 AMP 的規則有更多的了解之後，包括治療師怎麼暖身去進入這個過程，我們現在要來探討一次 AMP 的晤談，以及治療師的處理和評估。

演出派
夫妻治療

第九章

治療師的 AMP 評量策略：另一次晤談

演出派
　　夫妻治療

暖身到晤談：4 月 21 日

在檢討最後幾次有錄影的晤談和討論這對夫婦的情況之後，我決定改變我開始時的策略。在他們過去這九個月的治療，我用的是一種比較放鬆的暖身方法，來等待夫婦的任何一方開始晤談的對話。兩星期以前，我和這對夫妻討論了我的沮喪，因為沒有一個成果出來。我向他們解釋，因為不斷地吵架，最近我覺得我快受不了了。他們看起來並沒有興趣找出解決問題的答案。每一方對於想聽到的或要確認的似乎都有各自的看法。上個月，他們的進展似乎更遲緩了。我開始覺得我好像是在調解我父母那許多爭吵不完的問題。當我想到要跟他們講我的焦急，我變得更焦慮。當我愈被暖身，對他們沒有效率地使用他們共同的晤談時間，我愈是焦慮。我分析了自己的感覺，我了解到我在擔心他們會生氣，而且有可能就像他們對待前一位治療師一樣，停止治療。我用盡了所有的方法來控制我的焦慮。我想要逃走。察覺了我自己的感覺之後，我決定在這一次晤談的一開始就表明我自己的焦慮。

晤談中的對話	治療師的獨白	治療師的回顧與檢討
治療師：我有一個意見。我看了上個星期的錄影帶，然後我又看了之	當我進入辦公室的時候，他們已經坐在裏面了。我向他們打過招呼，並打開錄影	

前的帶子，在那之前我又看了我們上星期一起看的更早以前的帶子，我覺得我們好像在繞圈子。我不覺得你們兩個在努力改善你們的關係，或試著想要有改進。看你們的帶子不會有效地幫助你們的關係，除非你們做一些改變，除非你們從這過程中學到了功課。

機。艾倫和往常一樣穿著他的細格子西裝，沒有打領帶。琳達穿著一條普通的牛仔褲，和一件簡單的像居家帶小孩時穿的衣服。在我在晤談過程中被困住以前，讓我說出我心中的話。

上個月，這對夫妻已經看過他們之前晤談時的開場暖身。他們事先已問過我是否可以看這個帶子。艾倫主動的提出建議，而且琳達也同意。我早已決定用之前的錄影帶來當這次晤談的暖身。除此之外，我也建議他們，將他們的晤談時間，改到我一天工作時段的最後一段，而且把原來的五十分鐘的晤談延長到九十分，這樣子才有時間看上一次錄下的晤談過程。

治療師：你們在花你們的金錢和我的時間來幫助你什麼呢？	
艾倫：〔看起來有些驚愕〕我不了解妳的意思。我們現在吵架，不像以前吵那麼久了。	
治療師：〔質疑〕你這樣認為嗎？〔轉向琳達〕妳同意嗎？	我很訝異他和我持不同的看法。
琳達：我同意。	
艾倫：〔打斷〕我認為我們已經改變了我們對待彼此的方式。	他怎能在這種關係中找到正面的看法？
治療師：你覺得你們現在吵的方式不	

一樣了？

艾倫：與剛開始晤談
　　時做比較，我們
　　現在吵得比較
　　少。我通常都有
　　辦法避開。不過
　　我也覺得很多時
　　候，事情會留到
　　我們來這裏的晚
　　上才討論。

　　他們非常地準時，並全心的投入他們的晤談。他們不僅幫孩子找了保母，甚至還有備用的保母。

艾倫：我們還是有一
　　個基本的問題。
　　這也是我們需要
　　第三者來調解的
　　地方。這是我們
　　的主要問題。

好，這很有道理。他
們需要我來確認他們
的觀點。

治療師：在我們一起
　　看完之前的錄影
　　帶之後，你告訴
　　我看這些晤談的

似乎有一些事情要發
生，這讓這些晤談氣
氛更加的凝重。

嗯，有一件事，我已
察覺到我的問題，就
是我獨自做所有的努
力來幫助他們。但

208

錄影帶，一點也不能幫助你解決問題。我們討論了琳達對你抽煙的反應。〔轉向艾倫〕我不覺得有任何的解決之道，你認為呢？

艾倫：沒有。

治療師：我觀察你們兩個看錄影帶。在第二次再看一次的時候你們對彼此比較生氣，而且在彼此的互動中，帶著很大的敵意。

天啊，我真是直言不諱！

艾倫：我不記得。這個問題的確沒有解決，所以那是我們要努力的。

是，讓他們暖身所需要的努力，似乎對他們太難了！而且他們似乎不斷的需要我來幫他們暖身。我自己有困難做他們的催化劑，而且我一直在隱藏自己的挫折。

壓力來了。每一件事都還懸在半空中。他一點都不明白，改變需要多大的努力，他讓一切聽起來非常的

	容易。如果真的那麼容易，他們為什麼還沒做呢？	
治療師：這個禮拜在家中有討論嗎？	我繼續的避免讓艾倫生氣。我為什麼不問他，他說努力是什麼意思，還有他打算什麼時候開始？	我把維繫他們的關係，當成是我的責任。我的反移情被引發出來了。在許多方面，他們兩個人還不適合這種可以學到溝通技巧的婚姻治療。舉例來說，要能夠當彼此的替身，需要他們有能力對換角色，而且改善他們彼此的談話方式。我在這裏所做的是應付兩個像小孩子的大人，尤其是琳達。這種情形勾起我跟我父母的相處經驗。我媽媽很孩子氣，而我扮演的是大人角色。然而他們兩個現在似乎有聽進我

		的話，或至少他們現在會跟彼此談到治療中所得到的。我現在感到某些角色已經解脫了。
艾倫：沒有。		
治療師：讓人來調解你們之間的問題，是你到這裏來所得到的幫助嗎？	讓我將他所說的話反映給他聽，我才可以確定我聽懂他的意思。	
艾倫：有啊。至少獲得一些解脫。		
治療師：假設在晤談中你們都不吵架。	哪一種解脫？他們明瞭在這裏他們吵得多厲害嗎？	這真是有趣。就好像他們體驗到解脫的同時我開始感到擔子壓到我肩上。我開始對這個角色感到疲憊，這就好像他們在他們的關係中感到的疲憊一樣。

艾倫：……而且在這裏有人聽我講話。		
琳達：我第一個想法是，我沒有聽他說話，至少這裏妳聽他說話。	我愈來愈不想聽他說話。他是妳的丈夫。	
治療師：那是妳所注意到的嗎？		
琳達：〔思考〕那樣說之後，我心裏在想，嗯，他不聽我說話，但至少喬依絲會聽。我需要被傾聽，那就是為什麼我們無法吵架。	琳達，妳扮演什麼角色？妳對妳自己注意到什麼呢？	這些話讓我更相信自己的察覺，那就是對這對夫婦我所能做的最多就是傾聽和當每一方的替身，確定他們的感受，以及當楷模來提供他們角色的練習。他們兩個都沒有能力來傾聽彼此的聲音，以及在某方面幫助個人的成長。他們說他們比較少吵架了，如此說來，我的

替身和確定他們的情
感一定是達到效果
了。

艾倫：〔尖銳地〕我
不同意妳這樣
說。我有聽到
妳。

琳達：〔傻笑〕是
啊。哈，哈！

艾倫：不。〔大聲
地〕我聽到妳的
話了，對於我所
聽到的，我不知
道怎麼辦。妳沒
有聽我說話，我
有在聽，但對於
我所聽到的，我
不知道怎麼辦？

治療師：是否部分原
因是你覺得無法
承受？這讓你想
起當你是個小孩

好，那是個很好的觀
察。讓我們再進一步
發展下去吧。

時，你和你父親的相處情形嗎？

艾倫：嗯，我想問題的所在是當我面對一些令我頭痛的事，我根本就說不出什麼話來，那因為她根本就不聽，那根本沒有用，所以我變得特別的沮喪。〔緊張擔心的看著琳達〕上個星期在回家的路上，妳想要繼續爭吵，我必須一遍又一遍的說，我不想談。

在這裏我原可以做一些角色練習，以及向琳達解釋，在她反映一些話之前，她最好先當艾倫的替身。

治療師：你說你不想談。這就是我所談的。如果沒有討論的話，事情怎麼會有改變

可憐的女人，她不斷地被拒絕，她依然攻擊。

看得出來艾倫想要中斷這種循環。也許如果我能向他解釋，其實他不需要同意她，但他能藉著當她替身

214

呢？

來替她表達，以確定她的情感，而且找到更有效的方法來中斷這種錯誤的溝通。或者我可以建議他另一種選擇，比如說，他可以提議下一次再繼續討論。

艾倫：我不想繼續吵架。那是她的看法。我還沒有改變我自己來同意她的觀點，這就是她所想要的。而這是不可能的，另一方面，她同意我的觀點，那也是不可能的。

琳達：〔生氣地〕我不喜歡你所說的，什麼我試著要改變你的看

法。〔急劇尖銳地〕我不認為我有能力這樣做。		
艾倫：〔嚴酷地〕哼，為什麼要繼續吵架。	哇，聽起來他很生氣。	
琳達：我甚至不記得了，也許因為我覺得事情並沒有解決。我沒辦法像把書合起來就沒事了，因為不到兩個星期我們又會回到了原點。	他們又開始了。我覺得我好像在乒乓球賽裏，而我就是那裁判。	沒有錯，她無法放手。我比較希望單獨和她見面，這樣我們可以處理她那非常氣憤的強烈情感。也許我可以鼓勵她在她丈夫面前做一些努力。我無法幫助艾倫在琳達面前做任何的努力，因為她常在這種時候令他難堪。但是我也了解艾倫的憤怒，他聲音中的敵意也讓我害怕。最後我將注意力集中在琳達，而且避開我自己的感覺。我應該用替

身替他表達出他的憤
怒，我應該幫琳達透
過替身表達出來。她
對艾倫憤怒可能有的
恐懼。但我反而將注
意力集中在琳達，這
也是我小時候的狀
況，我總是集中我的
注意力在我媽媽的能
力不濟上，卻從不曾
把焦點放在我爸爸身
上。

艾倫：但用那種方式
　　　來解決是不可能
　　　的。妳試著要我
　　　相信妳有一個正
　　　確而有根據的觀
　　　點。

琳達：但為什麼呢？
　　　也許我只是想要
　　　你知道我的確有
　　　個正確而有根據
　　　的觀點，它可能

不同於……

艾倫：〔大聲的打斷〕那就是全部的重點！妳不想談問題所在，但妳要我知道。

琳達：但難道不能有一個彼此都認可的觀點嗎？我要你去了解有什麼錯？	我如何讓她聽得懂他所說的話？	我現在可以看到自己再一次逃避，不去理會心中的感覺，因為艾倫攻擊性的聲音讓我害怕。我只是避開害怕的感覺，而把焦點轉移到琳達的身上，我覺得那裏很安全。
艾倫：〔提高他的聲音並打斷〕因為我聽到了，而且我不同意，這是妳無法改變的，所以為什麼還繼續為相同的事爭	現在他變得很激動。	他似乎有辦法將他的信息傳給我，現在的狀況太激烈了，所以我們最好將注意力集中在琳達。我增強了他們對他盛怒的反應。他們對他極大的

吵？事情不是那樣子的。		憤怒感到害怕，我也是。如果我躲起來也隱藏我自己的情感，我無法當他的替身，我需要使用我內在的感覺來當他們的替身幫他們表達，但我被自己的反移情困住了。
琳達：我甚至不記得我們禮拜五的時候談什麼了，更別提上個星期二的事。		
艾倫：〔惱怒地〕嗯，我不記得我們怎麼結束的，但我記得我們回家的路上一直爭吵。	他們尖銳的聲音讓我無法聽他們談話，更別提了解他們談話的內容。	
琳達：嗯，我不記得回家的路上我有		

哭，或大叫或尖
叫什麼的。

艾倫：〔坐回他的座
位〕沒有，但如
果我們花了一小
時在這裏，而我
不認同你所說的
話，繼續下去有
什麼意思呢？

琳達：因為我覺得那
是我們應該繼續
做的事。我試著
要表達的是我總
是……

艾倫：〔打斷〕這不
是我們在談的
事。

他們不斷的針鋒相
對。她都沒有聽進
去，而他也一直沒有
肯定和說出她的需
要。他們的思考方式
和他們的穿著一樣不
同。他穿著細條紋西
裝，她穿牛仔褲。

琳達：……我們只是在喬依絲辦公室裏提出我們的問題。

艾倫：這跟我們談什麼沒有關係。這跟妳覺得想被聽見有關。

琳達：〔堅定的〕我不知道是不是這樣。對，也許我想要有人聽我講話。我是說當你完全不理我的時候，我會非常生氣，而且我會放在心上。

　　琳達在接受了六個月的個別治療之後，決定停止。她說花費金錢將焦點集中在她身上，並沒有幫助她解決她的婚姻問題。她把艾倫當成生命中最重要的部分。她不想跟他分開，也強烈感到他有個人空間的需求，並且她把艾倫承認兩人的差異，當成是對她的拒絕。

艾倫：為什麼，因為我不同意妳說的話？

治療師：〔看著琳達〕讓我試試我能否澄清。在這之前，妳什麼時候感到沒有被聽見？

我想我變得對琳達內心世界，能比較開放的去探討。也許有時候我還沒有放棄當她治療師的角色。我迫切的想要幫她把事情搞清楚，就是有一點要拯救她的念頭。我無法解救我的媽媽，但也許我可以用拯救琳達來做一種彌補。在我媽媽和我爸爸的關係中，她簡直就是個小孩子，而他呢，則永遠都用一個挫折的父親角色來回應她。

琳達：只有和我爸爸在一起的時候。

　　琳達對她父親那種專橫的個性有很多敵對的情感。琳達說他並不是明顯的或有語言的暴力，但家中每一個人都要服從他的命令。

治療師：〔指著空的椅子〕過來這裏。我要妳轉換角色。假設妳是妳的父親，他在跟妳講有關這裏的事情。		
琳達：有關這個階段嗎？		
治療師：是的，妳的父親一直在這裏聽妳和妳丈夫的談話，他正在告訴妳他的感覺。	讓我們看看我是否能解開這綑綁。也許當她以她父親的角色來看她對艾倫的回應，有些事也許會改變。然後也許我可以讓他對她的處境產生同理。	
琳達：〔起來坐在另外一張椅子上〕		我很後悔沒有幫她做更多的暖身來進入這

我不知道我是否做得到。

個情境。有時候我對這對夫婦非常的挫折，只想趕快結束，不去想那些感受。我需要改變對他們暖身的方式。琳達非常的不自然，因為她要在艾倫的面前演出一個情境。這真的需要一個比較長的暖身，而且我也需要。我反而被我的焦慮控制，沒有感到自發的能力。

比爾是琳達的父親，他是波蘭裔的第一代子孫。他有個很實際的掌控方式，他相信男人是一家之主。他是個技術不怎麼好的工廠工人，只要一有時間，他都在釣魚。他有糖尿病，最近他的一隻腿被截肢了，並裝上了義肢。琳達的母親對他的每一個需求照顧得無微不至。她從來不會明確又坦率的對他說出心中的話，只是用一罐罐的啤酒來代替。

治療師：試試看，不試妳怎麼知道呢。

我應該對她更溫柔一點，因為我可以了解她的狀況。我的父親是個強悍的人，需要

		人伺候他。我應該說：「我來幫妳。」才是。
琳達：嗯，我想我可以試。		
治療師：〔看著扮演比爾的琳達〕我忘了你的名字。	我希望我能幫她暖身來扮演這個角色。對她的父親我有一個感覺，但我不要當他的替身，因為我怕我會失去平衡。	這是個不明智的決定，如果我當她的替身，扮演得不正確，她會糾正我。她需要我來認同她。我需要當她的替身，幫她暖身來進入角色的扮演。在她的自發性上，我需要來當一個催化劑。
琳達：〔扮演父親〕比爾。		
治療師：〔對著扮演父親的琳達講話〕喔，對了，你叫比爾。那麼，比爾，你一		

225

直在這裏聽琳達
和艾倫講話。琳
達在這裏說她覺
得不被聽見，而
且艾倫從不要跟
她討論，除非他
們來到我的辦公
室。你的看法如
何呢？

琳達：我辦不到，我
無法想像我的父
親出現在這個地
方。

我沒有製造出足夠的
情境。我幫琳達暖身
得不夠多……難怪她
會有困難。要扮演出
心理劇的話，暖身是
一個很重要的部分，
就跟演出一樣的重
要。除非有足夠的暖
身，否則無法演出。
我又一次對她要求太
多，我給她的艱難就
像我給我自己的一樣
多。在許多方面，我
繼承了我父親的角

色。是女人能力不足、需要改變，而且努力得還不夠。從這個角度來看，我們（琳達和我）兩個應該都是好女孩，非常努力，而且想要解決所有的問題。

　　琳達的父親是個簡單的男人，他不相信女性解放或個人發展，或是治療的需要。琳達沒有告訴她的父母她正在接受治療。

治療師：那麼，想像他很坦白的在跟妳講話。如果妳做不出來，這樣好不好？暖身來當妳的父親，他在回應妳沒有被傾聽的事，好嗎？

琳達：〔扮演比爾，對著琳達的空椅子大聲地說話〕

我太麻木了。我沒有跟她一起進入這個情況。如果我能夠表達出我自己，我應該能夠透過當她的替身來幫助她。我們兩個人的抗拒都沒有被提出來。

我不要妳像這樣子繼續下去，事情就到此為止。這裏不會有男孩，還有我不喜歡跟妳約會的那個男孩子。事情就到此為止。妳不能去。

琳達的母親也是工廠工人，她擔任夜班的工作。因此，琳達的爸爸擔任大部分的父母角色，她的媽媽，大部分的時候都像一個退縮的小孩，她一直偷偷地酗酒。琳達甚至不記得她的母親曾經陪她一起去買過衣服。

治療師：〔指著琳達的空椅子〕現在，扮演琳達，妳要怎麼回答呢？

琳達：那麼，為什麼我不能去？為什麼？我又沒有要去做壞事。那是

我再次讓自己脫離所有的感覺。潛意識裏對我父親的憤怒使我不知所措。我仍舊在

她的男朋友，不是我的男朋友。我只是跟她一起而已。

這情境之外。如果我讓自己繼續在失神狀態中，我無法想出幫她替身的方法。小時後，當我過度害怕我母親時，我會在潛意識下不去碰觸自己的情感。

治療師：〔看著琳達還有指著那張空椅子〕扮演妳的父親並回答這個問題。

對我來講，觀察我自己是如何無法進入這個情形實在很痛苦。

琳達：〔扮演她的父親〕我不在乎。並不是說我不相信妳。我只是不要妳在那裏。〔看著治療師〕我沒有辦法全心投入。

她無法全心投入，是因為她沒有得到足夠的暖身來扮演這個角色。我需要讓她在自己的角色中久一點，並藉著當她的替身，演出那角色，讓她能夠向她的父親表達出她的生氣。我保持距離的態度讓我看見，

我自己對這個情境也還沒有足夠的暖身。我無法幫她，是因為我還沒有預備好去處理我對我自己父親的氣憤，我需要去面對。此時，我真的覺得很挫折。我無法清楚的觀察她，而且我沒有辦法和他做角色對換。她沒有辦法真正向她的父親表達出憤怒，在許多方面像是一面鏡子照出我自己的形象。我可以幫我自己把我對我父親的害怕用替身表達出來，但這樣做，我在冒著失去我的冷靜和治療師導演位置的風險，這太可怕了。我需要使用我的自發性和對這個過程有信心。在做婚姻的治療

		晤談時，感覺和強烈度都是加倍的。我需要給自己一些時間來對我的特質和內在更有信心，並且找到方法來保持我的自發性。當我的害怕和焦慮降低的時候，我就比較不會去隔離我自己的感覺。
治療師：妳無法全心全意，是因為那就是妳對他的想法。現在轉換角色。	她為什麼如此強烈地將她對她父親的感覺投射到她先生身上呢？她有機會直接對她所生氣的對象說話，這個人是她的父親，但她太害怕去冒這個險了。	

　　琳達比較想要只把焦點放在她自己身上，並且不太願意去面對她原生家庭中的問題。她對原生家庭的忠誠使她看不清事情。在許多方面，她的父親照顧她比照顧別人還多，所以坦率地對他說出心中的話，不僅是不尊敬而且也是不懂得感激。有時她不太願意來參加晤談，而且還威脅艾倫，並揚言她要停止治療。

琳達：我不知道為什麼我不能去。我又沒有要去做壞事。就這樣子。事情就到此為止。這是信條。我覺得怎麼樣或怎麼樣想，或這件事情是否對我重要都無所謂。重要的是你的意見和你所說的話。因為你是父親，你是你城堡中的國王，我想，我只不過是住在這裏而已。

治療師：艾倫，你想要對他說什麼？

喬依絲，妳在假設艾倫會當琳達的替身，會對她父親說出心中的話。她的確需要一個替身。但藉著讓他當一個輔角，我在幫

助他認同男性角色，而這個角色是琳達生氣的對象。在這裏我不需要他對男性的問題有更多的暖身。但是他的確在做我所示範的角色模式，那就是不去面對父親角色中的憤怒。他對他自己的父親有很多的憤怒，他以前常打他。他和我一樣知道如何不去觸及這些情感，他甚至比我有過之而無不及。因此他和我一樣認同攻擊者的角色。如果我停止角色互換的活動，我就應該可以讓艾倫解除角色，然後探索他自己的感覺，還有我應該鼓勵他同理他的妻子。

琳達的父母和艾倫的父母來自不同的社經地位。艾倫的父母在社交上參與中上階層的活動、教會、晚宴。琳達的父母退休了。他們住在湖邊，過著非常簡單的生活。

艾倫：也許你還是可以決定不要照著你所說的去做，但是你應該聽聽所有的原因。	我不敢相信他這樣子回答。他的妻子才被她的父親責罵，他竟然還支持他。難怪他們有問題。	我再一次的避開不去阻止他並說，如，「艾倫，你知道被父親羞辱的感覺是怎麼樣。」琳達需要聽像這樣的話，「我了解向一個生氣的父親坦白的說出心中的話有多難。我知道當被自己的父親羞辱時，要愛自己有多難。」
琳達：〔情緒激動地看著艾倫〕我覺得非常生氣。		
艾倫：〔看著治療師〕我不認為他沒有給她時間。我的意思是，那是他的方式。		

琳達：〔看著治療師〕我對他所說的，我可以很容易的對著艾倫說出來。		
艾倫：你才這樣對我說過而已。我只是坐在這裏說妳也可以跟我說。	這不是我期待他回應的方式。我覺得建議這樣的演出把事情弄得更糟糕。	現在我可以看得出來他跟著我的引導，我的逃避感覺。
治療師：妳說妳生氣是什麼意思？	我需要想出該怎麼做。問題轉換得太快了，有時很難趕上他們。	
艾倫：〔驚訝的〕妳生我的氣？		
琳達：我覺得對他有相同的感覺。	現在她在對她先生生氣，而我的用意原是要她把氣轉向她父親的。	
艾倫：〔極為惱怒地〕上次我什麼	我不太確定要怎麼讓這個男人知道，他對	嗯，現在我知道如果我允許自己去察覺我

時候這樣說： 「不，我不想聽 這些事。」	琳達的拒絕，就像她 父親對她一樣。	的感覺，我就有能力 來當琳達的替身。但 是，有很多強烈的感 覺跑出來，我沒有辦 法產生自發性的感 覺。
琳達：嗯，你說： 「因為我這樣 說。」兩星期以 前，在我們回家 的路上你才這樣 說過。		
艾倫：沒有錯，當我 們變成不停的在 相同話題上一直 繞圈子。我才 說，好了，我們 不要再談了，因 為我們根本無法 得到結論。	他們又開始了，而我 甚至不想阻止他們。	
琳達：那聽起來像個 命令。		

艾倫：不，那不是個命令。我要擺脫那種沒有結果的事。

琳達：但我認為那是命令。我的意思是……

艾倫：〔打斷〕我沒有在對妳下命令。〔更大聲，聲音更嚴厲〕我所說的只是我不要再這樣做了。我不要再聽了。

很明顯的，艾倫有很多的憤怒需要宣洩和處理。我曾建議他參加團體治療。他一直不太願意這樣做，但婚姻治療的情境不太適合他。對他我要更直接一點。我需要告訴他，他需要找到某個地方來宣洩和處理他的憤怒。這裏不是個合適的地方。就個人而言，我發現他的憤怒頗讓我害怕，所以我相信琳達一定也有類似的感覺，這件

		事我需要說出來。再一次的，他知道他有多怕他爸爸的憤怒。我們三個以前都有個生氣憤怒的父親。我可以分享一些我的經驗，作為一個榜樣。
琳達：你說：「我不想聽。」〔聲音提高情緒更激動〕聽起來就好像「閉上妳的嘴，我不想聽。」		
艾倫：我希望妳不要一直繼續下去。我們根本繞不出來。〔聲音很尖銳而且用很重的語氣在說話〕但妳不肯停止。妳一直繼續的講了又講，把我逼到無路可走，妳要	這真是好笑。我需要阻止這樣下去。我希望我能說得出來，「停」。	嗯，現在看起來我的確在心裏面停止了，我對他們現在的情形失去感覺了。

我去做我不明白的事。		
治療師：等一下，我有點不明白。琳達，妳是否看得出來，妳對艾倫和對妳爸爸的感受滿相同的。	我很不願意將壓力放在艾倫身上。最近他的壓力已經太大了。	看起來他已經模仿了他父親的角色，而且他生氣的對琳達說話的方式（我猜有時候他對小孩也一樣），就像他父親生氣的對他說話一樣，我需要讓他做角色轉換，讓他扮演琳達，讓他了解一下他自己的行為。這裏似乎不是個合適的場合。在這裏我似乎無法讓他暖身來這樣做。我很不願意要求他這樣做，因為我不太確定琳達會如何反應，還有會不會支持他。他的憤怒讓我害怕，就像我害怕我爸爸的憤怒，求好心切讓我困住了，

使我沒辦法有自發
性。這種感覺就好像
我沒有辦法把事情做
對，我沒有辦法做任
何事一樣。

琳達：對。那就是我
　　　說的。

治療師：好。那妳可
　　　以看到那是怎樣
　　　不同的角色嗎？
　　　我是說在某個角
　　　色中，妳是一個
　　　在對父親回應的
　　　小孩。

琳達：當然。但是
　　　〔指著艾倫〕對
　　　他我更生氣，因
　　　為我應該像他一
　　　樣擁有相同多的
　　　權利和意見。

艾倫：〔打斷〕為什
　　　麼我需要接受妳

的想法？

艾倫跟他爸爸有相同的職業（銀行業）和職位，一個商業貸款銀行的副總裁。工作了五年，艾倫最近被解僱了，他和一群生意人正準備開創一間顧問公司，而那些生意人原是他之前的客戶。因為失業，他最近增加很多的壓力。

琳達：我不是說要你這樣做。

治療師：對艾倫來說，聽起來好像妳在說：「如果我不聽並不同意妳的話，妳就覺得我都沒有在聽妳講話。」他說除非他接受妳的想法，否則妳覺得他一直都沒有在聽。

不錯，喬依絲。這就是這對夫婦繼續需要的，他們需要有人來幫他們當彼此的替身，激勵更多的肯定，採用注意力放在焦點的技巧，將他們的感覺具體化，而且澄清彼此給對方的訊息。那是目前最可行的事。當這對夫婦還沒有準備好，我無法硬要他們往前移，也沒有權利那樣做。我無法解救或幫助他

們。我只能陪伴他們。

琳達：我不是這樣說！

艾倫：〔聲音提高〕不是妳，是我這樣講。

琳達：〔看著治療師〕我被弄迷糊了。

治療師：〔看著琳達〕聽起來好像是，如果他不接受妳的想法，妳就覺得沒有被聽見。

這是個直接的敘述，看看她是否會同意。「為什麼妳對艾倫沒有這麼直接呢？」不用說，那又是我對他的生氣感到害怕。我需要對自己肯定，我有能力應付這件事情，他也有。我對琳達比較吹毛求疵，也就是說我對女性角色比較挑剔，而我對艾

倫的男性角色就沒那麼挑剔了。我對艾倫比對琳達有更多的期望。他們需要被放在平等的地位。實際上，我需要降低我的期望。這是他們的婚姻，不是我的。這裏我需要檢視我自己反移情的問題。很顯然的，艾倫好像變成了我的父親，而我好像變成一個乖孩子。

琳達：我不認為那是真的。

艾倫：又來了！上星期五我們花了超過一個半鐘頭，還有今天大概二十分鐘，我們一直在晤談中談著相同的事。

琳達：但什麼也沒改
變。我是說在上
個晤談中，我們
花了所有的時間
討論他抽煙的問
題。我們無法彼
此妥協嗎？我們
必須忍受因他的
抽煙帶來的不便
嗎？為什麼不是
他忍受不便，做
一些改變？

在這過去的三個月中，艾倫已經試著戒煙好多次。他也告訴
他的孩子說他會戒煙。但因為失去工作和找新工作的困難，或者
有可能是和同事合夥做生意的關係，他有著極大的壓力，他現在
抽的煙比以前還多。

琳達：就我來說，我　　等一下，我不記得兩
可能錯了，但我　　個星期前發生的事。
認為上個星期的　　我成了什麼了？執行
晤談時，他甚至　　紀律者？這真是為
有點訝異，那時　　難。抽煙的問題，也
妳這樣說：「那　　會讓我捲入麻煩中。

麼，艾倫，你願意到廁所抽煙嗎？」他回答說：「不。」他一點都不願讓步。		
治療師：那樣說過之後，事情有改變嗎？有沒有因此討論出一個妥協的方案。	她是對的嗎？也許我忘了讓這件事情有個了結或結論。我不記得了。事情變得很令人困惑。	我被這對夫婦打倒了是可以理解的。記得發生了什麼事是我的責任。但是，在我的個人和團體治療中，我經常很容易記得發生過的事。我有點擔心在他們的晤談中，我沒辦法記住所有的事。但是，這些晤談給我很大的壓力。有兩倍多的資料需要記得，還有壓力之大，讓我更加感到我個人能力的不足。我必須提醒我自己，這是他們的婚姻。我只是在

		這裏幫助催化,讓過程進行順利的治療師。
艾倫:我想有吧。		
琳達:你才說過你不會妥協。我的意思是,艾倫,你說:「不。」就這樣子。我覺得好像……		
艾倫:〔打斷〕對你行不通。	他在說什麼?這段對話很難了解。	
治療師:什麼?妥協行不通?		
艾倫:對。		
琳達:我不是……		
艾倫:〔打斷〕我已經很厭煩了。沒有用。	天啊,他認為他是誰?如果他不願意互相妥協,他在這裏做什麼?	

琳達：行不通是因為你不願意讓自己有一點不方便並做一些調整。並不是妥協沒有用。	

每當艾倫消沉沮喪時，琳達就很焦慮並且和艾倫吵得更嚴重。雖然我和她討論過這件事，她還是無法自拔。琳達的母親是個非常沮喪又退縮的人，在琳達小的時候，她都沒有辦法讓她的心留在孩子身上。

治療師：〔轉向艾倫〕如果妥協沒有用，你要怎樣修補這段婚姻？你們兩個都要彼此妥協。我是說……	我原可以幫助琳達替身，這樣說來表達出她的情感：「很難看到妳沮喪。就我知道以來，我母親一直都處在憂愁中。」
琳達：〔打斷〕我覺得好像……	
治療師：〔打斷〕你知道，這不是那種很容易維持，	

天作之合的關係。我問你們兩個，什麼才行得通？		
艾倫：〔生氣的對著治療師〕在她能了解我的一切來龍去脈之前，我不認為她有任何權利來要求我。她甚至沒有試過來了解我。	我生氣了。我最好對他所說的話做一下總結，確定一下我沒聽錯。	在回顧反省檢討的時候，我可以看到，我能做的就是說出我們都非常的受挫，而且在這晤談一開始的時候，我就已經說過了，現在我們又這樣了，每個人都希望別人能了解，但沒有人能夠去感受到別人的感覺。
治療師：所以你不覺得她有……		
艾倫：〔打斷〕這件事和她的飲食是相同的。〔指她的糖尿病〕她的體重，還有好幾		

個她的……

琳達：〔生氣地〕你
　怎麼知道我沒有
　將這件事放到跟
　我的飲食相同的
　地位？

艾倫：〔搖頭〕很顯
　然的，妳完全不
　懂……

琳達：不，我看不到
　相同點。當你很
　緊張的時候，我
　很願意按摩你的
　肩膀，抓你的
　背，甚至孩子們
　也願意幫你抓
　背。當你緊張的
　時候，他們願意
　做任何事來幫你
　不去想到香煙。
　我告訴過你，我
　不會幫你買香

又一次的，我原可幫
琳達用替身表達出，
她極渴望照顧人，並
且渴望被照顧，也不
希望失去她的先生。
因為母親的酗酒問
題，她失去了媽媽，
她也因為糖尿病差一
點失去生命。她所表
達出來的控制慾望，
也是我在掙扎的問
題。跟我的情形太相
像了，我無法清楚地

249

煙。我會把煙灰缸藏起來,我會做任何我該做的事。對任何的事沒有人曾這樣對我說過。〔當她青少年的時候,她的父母不管她的糖尿病。〕		看事情。所以我讓時機在我眼前消失,一點也不讓人驚訝。

　　直到琳達開始治療前,她一直要求艾倫照顧她糖尿病的問題。雖然他覺得快受不了了,他還是每天幫她注射胰島素。在過去的九個月中,雖然琳達還是沒有注意自己的飲食,但她已開始自己測試尿液和自己每天注射胰島素。

艾倫:那根本沒有意義。那就是為什麼我跟妳說……		
琳達:繼續說。為什麼沒有意義?		
艾倫:〔大聲地〕因為沒有意義。沒有提供我任何幫	天啊!他真是自大!	因為艾倫不停抽煙的問題,我可以看得出來,琳達將她自己擺

250

助。

在一個要艾倫感到慚
愧的角色。她很難對
艾倫產生同理心。她
無法同理抽煙是可以
被了解的，但我需要
幫艾倫有更多的替身
替他表達。有時候我
需要停止活動，而且
就只當一個人的替
身，因為當他們兩個
辯個不停時，我被困
在中間，那也就是我
被我父母困住的地
方，那是一個非常不
舒服的位置。

琳達：那不是一種支
　　　持嗎？

艾倫：不是！

琳達：對你沒有幫助
　　　嗎？

艾倫：〔更大聲〕沒
　　　有！沒有意義。

琳達：那就好像我們去了商店，然後……	我很想讓他們繼續激烈的爭吵下去，然後讓我從這個地方消失。	
艾倫：〔打斷〕好了，夠了。妳做任何事都無法幫我戒煙。		
治療師：好。但你也說，如果我沒聽錯，你不覺得她能體會到你的感覺。		
艾倫：〔斷然地〕對。	聽起來好像他真的生氣了，也許我該介入了。實在很難找到機會。	
治療師：那麼你是否可以轉換角色，讓她知道你需要她怎麼做？		現在來點演出是個好主意。但是，要艾倫現在扮演他正氣得不得了的對象，是相當困難的。沒有錯，他

		的確需要練習一些角色。但是，妳自己來扮演艾倫的角色並且讓他做一些角色練習，然後讓他試著扮演那個角色，才是明智之舉。讓他做一些他還覺得力不從心的事，只有讓他更加感到他對這角色的不稱職。
艾倫：〔聳聳肩膀〕我不知道。		
治療師：你是唯一能告訴她你需要什麼的人。她怎麼幫你呢？		

　　婚外情的後遺症一直潛伏在這對夫婦的關係中。艾倫覺得他好像一直為一些事而遭受攻擊。

| 艾倫：那麼…… | | |
| 琳達：〔打斷〕那需 | | |

要……

艾倫：〔打斷〕有些事是正面和增強鼓勵的。我最好不去管它，也不說任何事。

艾倫這種不主動的態度，是在發生婚外情之後，就讓自己在婚姻中保持這種方式。「不要管就好了，事情自己就會變好。」他不知道如何表達他的需求，如果這裏我能不受到他移情作用的影響，我就有可能將艾倫的需要透過替身傳達給琳達，提供艾倫角色的練習，還有讓琳達了解他的需要。

他看起來很害羞，不輕易流露自己的情感。當她說話的時候，他似乎帶著鄙視的態度，然後就顯得無精打采，我真希望她會停止。他為了得到另一個女人給他的價值感，曾離開了他的婚姻一次，他很容易再度越軌，她似乎不斷地在逼他重複這種行為。

治療師：這我了解。但我所建議的是，從一個理想的觀點，你是否可以扮演這個角色，讓她知道你希望她怎麼做？	
艾倫：理想上，我希望她能保持沉默。	
治療師：沉默？	我沒有想到他會這樣回答，他至少可以讓她明白他要什麼。
艾倫：我是說我不介意如果她偶爾說：「我但願你能戒煙。我很在乎你，我希望你戒煙，還有……」	
琳達：〔打斷〕但是我有……	

艾倫：〔很大聲〕不要一直對我嘮叨。不要給我沒有意義的建議，像「如果你戒煙，我會減肥」的話，因為那沒有用。或像是「如果你愛我，你就會戒煙。」

治療師：所以說，如果我沒有聽錯的話，你是說你認為她盯著你抽煙的事，會讓你防衛自己。

艾倫：沒有錯。

好，至少他直接講出來了。也許我可以讓他再深入地多說一些。

這是我可以透過替身替他表達的好地方，將他的憤怒用替身說出來。我在跟他保持距離。我需要讓替身說出他的憤怒，讓它流露，當他了解到他的憤怒是對著他的父親或母親的時候，事情就會有進展了。我似乎很不願意靠近他的憤怒。我知道那是因為他的情形讓我想到，我若是沒有按照我爸爸的意思做事，他就會對我很生氣。

256

治療師：那和你的生活有什麼關係？

艾倫：她是在說：「你不愛我，那是因為你跟我不一樣。」

琳達：我從來沒有這樣說過。

治療師：對，但一天到晚有人盯著你的那種感覺，讓我想到你的父親。有些方面琳達是不是很像你的父親？因為你父親總是不斷鞭策你。這是否讓你想到那些以前的感覺——他總是在那裏挑你的毛病。

艾倫：我想是吧。我

根本沒有可逃躲
的地方。

治療師：跟你爸爸之
間的情形不也是
這樣子嗎？而且
有些方面，琳達
變成了你爸爸。
我是說很像……

艾倫：我想是吧……
我是說他總是注
意我的一舉一
動。而且我又沒
有做什麼事。如
果她真的了解那
是一種什麼樣的
感覺，她就不會
這樣做。

我很想讓他把這個情
境演出來，但他是這
麼的一板一眼，這麼
的在意他的形象。我
相信我能幫他暖身。
我就試試看吧。

治療師：你可以讓我
們看看你爸爸的
樣子嗎？你可以
讓她看到，好讓
她可以了解嗎？

琳達：我想這和他的戒煙無關吧。		
治療師：喔。	每次我想幫助他們，就有一方拒絕。我覺得被堵死了。	
艾倫：就像我說過的，絕對沒有任何人或是她，能做任何事來叫我戒煙。那是我自己必須做的事。		我允許他們的對話……琳達試著要幫我，但我反而覺得被攔阻，不能進入那個她不想看到的情境，是艾倫和他父母在一起的情境。他具體的回應抽煙的事，讓我意識到，他們兩個都不願意進入艾倫和他爸爸間的對話情境。我不願去碰觸我對我父親生氣的事。他也不願去碰觸他對他父親生氣的事。琳達也不願去碰觸她對她父親生氣的事。我們三個好像是沉默的一組

人。我們都不願去談到我們的父親。

當艾倫在青少年階段，他因為吸毒的問題而曾在治療中心住院。在許多方面他會用不服權威來挑釁。他渾身都是這種「沒有人能把我怎麼樣」的態度。三年前，他那九個月的婚外情看起來很像是故意越軌反抗。有時候，我很不願對他施加壓力，以免挑起他那種向社會標準挑戰的特質。

治療師：聽起來好像你爸爸在說你必須做這個，你必須做那個，他讓你幾乎無法承受，會處罰你直到你說：「好」。現在情形反過來了，是你說：「不，我不要做你要我做的事。」

艾倫：〔疲憊地〕我試著向我的爸爸說不。

喬依絲，妳必須幫他暖身到能來扮演他父親的角色。

260

治療師：然後呢？

艾倫：我必須屈服。我記得有一次，我不知道他要我做什麼。他問我一個問題，我回答不。然後他開始打我，他一次又一次的問我，我一直說不，他還是繼續打我，直到我終於說好。他說：「好什麼？」然後我必須回答：「好的，爸爸。」

艾倫的父母都是荷蘭裔，他們一星期上教會四次，在艾倫的成長期間，他們一直都是這樣。艾倫的媽媽把家裏打點得整整齊齊、一塵不染，並且需要在家宴客招待客人。當他的丈夫打艾倫的時候，她從不會試著阻止他的行為，根據艾倫所說，他幾乎每個晚上都會被打。

琳達：〔生氣地〕如果他對待你像對待人一樣，也許我們就不會有這些難題了。

治療師：〔望著她〕這有幫助妳去了解艾倫無法來回應妳的強調他需要戒煙嗎？

琳達：嗯，當他在敘述這故事，讓我想到那不只是原則問題而已，因為有人要他做一些事。也許他現在覺得，「現在我有權利了。以前我沒有權利，我爸爸有，但現在我有了。就算我想要或我想試著戒煙，我不是

現在我們在分析這情境，我使她有能力來分析這情境。我們還沒有開始演出。讓他們開始演出是很難的。我覺得動彈不得。

262

非做不可，而我也不想這樣做。」		
艾倫：我不知道是不是這樣。但如果我不想去做這件事，卻有人一直逼著我去做，他們愈是施壓，我愈是抗拒。這幾乎是不自覺的。戒煙的事，我是全力的在抗拒。我不想聽這件事。當我預備好要戒煙時，我就會戒了。	嗯，至少他察覺到他有多麼的抗拒。	我很清楚當他拒絕去做一些事的時候，事情就是那樣子！而且我覺得他還沒有被暖身到可以演出他和他爸爸之間的情況，我需要幫他將他的抗拒用替身表達出來。我卻沒有這樣做。我在逃避這件事，就好像我在要求一些不需要這樣子的事，一些他們會拒絕的事。我需要將他的抗拒用替身表達出來。就這樣說：「好吧，我真的不想讓妳知道這個。當妳看到我跟我爸爸的關係，我不知道妳會有什麼樣的反應。

妳也許會取笑我，妳也許會羞辱我。讓妳看到這些令我害怕，在這個地方讓我害怕，再一次讓一個女人看到，就像我媽媽看到一樣，妳們兩個人都袖手旁觀。」但我沒有這樣做，相反的，我幫助他們又在討論抽煙的事。我遠離演出的機會了。

當艾倫有外遇的時候，他搬出去了，他說他不要這段婚姻。但在九個月之後，正當琳達一個人獨自痛苦和焦慮的時候，他回來了，說他知道他做錯了，那只是一時的放縱行樂。

治療師：除了不能談抽煙的事情之外，當你們談到其他的事情時，你們兩個真的相處得比較好嗎？你們是不是都說

你們比較少吵架了？或者你們都不談這些事？

艾倫：嗯，我們還是吵架。以前如果我們在星期四吵架，會一直吵到下星期二。

治療師：我想起來了。你們兩個來的時候都在生氣，上個星期你們幾乎都沒有講話。所以你是說你們不再吵那麼久了。

艾倫：上個星期四晚上我們有吵架，

這次晤談是這樣開始的，我說我不知道我們完成了什麼，還有我覺得他們兩個都不願努力，而現在我幫他們同意一件事，也就是他們已經做到吵得比較少了。我需要面質他們，接下來需要面對什麼，否則他們會什麼都不做，只是停留在原狀。

265

然後星期五早上
情況有些緊張。

治療師：琳達，對妳
來說，有什麼不
同呢？

也許事情發展的比我
想像中的順利。也許
在晤談時間以外，他
們的行為比我所察覺
的改善很多。

琳達：我可以看到自
己的改變。我是
說，我重新來
過，或者這已不
像原先我認為的
那麼重要。

艾倫：那件事我也注
意到了。如果我
辛苦了一天，然
後我很生氣的說
話，那只是那個
晚上而已。現在
好像都平息了。
我想當我們在談
這件特別的問題

時……

治療師：〔想要澄清〕抽煙嗎……

艾倫：不是，爭吵的問題已經很久了。

治療師：喔，好。

艾倫：在我身上也不一定有什麼改變。我是說，抽煙的事情上我還是一樣，但在其他方面已有改變。

治療師：我了解。

艾倫：在這個特別的問題上，我的意思是我不是那個會生氣五天的人。

他們又一次的進入手足和媽媽在一起的角色，而我也跟著他們一起往這個方向走。如果我讓他們演出，並改變他們的社交狀

況，也許他們的關係會有變化。

琳達：那不是真的。我是說你根本不講話。

艾倫：〔大聲地〕那是因為妳沒有講話。

琳達：你根本沒有努力去解決，但是有好多次我說：「好，我們重新開始，不要破壞這整個週末好嗎？」

我需要向他們指出他們現在在往後看。回顧過去看看他們得到什麼是很好的。現在他們需要停止為有關誰在過去做了什麼而爭吵，他們應該看現在。他們需要往前走。他們可以往後看，但他們需要將焦點放在現在。我需要請他們告訴對方他們所注意到的改變。我需要說：「艾倫，你

可以告訴琳達你看到她的一些改變？」琳達可以告訴艾倫他的一些改變。只有這樣他們才能夠彼此互相支持。

艾倫：對。在妳準備好以前，我不會干擾妳。

治療師：我聽到你說琳達已有改變。

要他給她任何安慰實在很難。

艾倫：我想我們能夠從爭吵中掙脫開來，這是以前我們做不到的事。

治療師：琳達，妳是說，妳看到相同的進步。

琳達：我看到我自己。他可以看到我的改變，但看

在這裏琳達說了一件很重要的事。艾倫有困難洞察他自己。甚

269

不到他自己，實在很奇怪。我可以看到我身上的改變。我知道我在做什麼。我知道我在說什麼。

至在他看了錄影帶之後，他很訝異自己的舉止方式。他一點都無法察覺他自己在鏡頭中的形象，但琳達知道。他需要更多的反省檢討，我需要透過演出的方式來提供這樣的機會。有些地方我需要對他使用面質的技巧，而我一直不太願意，也很膽怯。

治療師：妳有沒有看到進步？

琳達：有。我知道我在往後看，並讓事情聽其自然，或試著去了解發生在他身上的事。在他身上我沒有看到很大的改變，雖然有時

很悲哀，她認為改變全在於她——我不知道要說什麼。

候我注意到，有些時候他做了一些讓人感到很窩心的事，是他平常不會做的。我現在實在想不起來是什麼，但我覺得我有很多的不同。也許我是一切事情的原因。因為我改變了我反應的方式，就改變了所有的事。我不知道，但我看到我所做的事。

艾倫：我想大部分的時候，在我不想要繼續聽下去之前，我們有能力擺脫了。

治療師：也許在過去你會在某方面故

我很想要跟艾倫說：「就像當你外遇的時

喬伊絲，也許他不會因為被看到內在的自

意反抗。

艾倫：以前我會發脾
氣。現在比較容
易了。就像有一
天，當我下班回
家的時候她出去
了，所以我就在
沙發上睡著了。
當她走進門來，
她馬上對我開始
大叫：「你為什
麼不能陪我兒子
玩一小時？」這
個說完了之後，
她又開始繼續唸

候？」但是他有可能
因為害怕被看到內在
的自己而退縮，所以
我還是再等一陣子。

己而匆促的逃離。也
許他不需要隱藏這麼
多。妳需要測試。妳
也許是對的，他的外
遇可能是一種故意反
抗的出軌行為，但妳
現在需要測試。妳需
要測試他是否有需要
隱藏。

別的事。我發火了就說：「妳為什麼不繼續講一開始的事。為什麼把這個也扯進來了？妳為什麼用這種態度？回到原來的話題去。」		
治療師：所以你認為這件事表示你已經比較不生氣了？	對我來說，這不像是很體貼的，我很高興你不是跟我結婚。	現在是問一些和社交測量相關問題的時候。比如，對艾倫說：「所以當琳達這樣說的時候，她讓你想到誰了？」他需要去碰觸從他和琳達關係中所帶出來的移情問題。
艾倫：我在生氣。對啊。		
治療師：後來是怎麼結束的？		

琳達：我去了 A&P，然後又去了……		
艾倫：〔打斷〕然後妳去了教育董事會會議。		我又被騙回去聽他們講他們的生活。他們又開始不跟對方互動，而且不對他們的關係負起責任。
治療師：那之後發生什麼事？	這聽起來只是活著而已，不是在過日子。什麼樣的婚姻！	
艾倫：所發生的事是，我九點半上床睡覺。		
琳達：〔看著治療師〕我覺得我們最近的生活很無聊。他總是很累，還有因為一直在下雨，外面的事他什麼也沒做。房子裏面的		

事他也完全沒有心幫忙。所以，我已經粉刷我們的臥室好幾個月了，拿下壁紙，和所有的事。有一天我要他幫我，但那就好像他第一次領到薪水一樣，「我要催人來做這件事……或是這是會落到我頭上，而且這不會是件好差事，因為我不擅長。」但在那個禮拜中，我根本不想麻煩他，因為他不會幫忙的。然後最近的週末，你知道嗎，他只是在那裏無所事事的晃來晃去，什麼事

也沒做。所以我
覺得我們不斷的
晃來晃去……

那麼，這是一個好轉的情形。在過去，艾倫會沮喪，看更多的書，或者只是退縮，也許是不同的模式，但是和琳達母親的退縮很相像。琳達會和他對抗。琳達開始能在情感上主動，似乎給艾倫帶來一些活力或刺激，至少他有回應了，而且這回應對他和琳達而言，好像是一種比較好或者說比較容易的情況，來幫助他們從內心中開始調整。

艾倫：〔打斷〕妳對我們該做什麼事的期待跟我是不相同的。我……	
琳達：〔打斷〕我們豈不是又回到開始的地方，彼此妥協嗎？剛開始的時候我在想，如果我要做完粉刷臥室的事，那應該是我的責任，因為把它做	他們又開始了。也許我可以在他們預備好以前停止這種再三的循環。讓我看看我是否能讓他們具體的專注在一個問題，並且避免另一個情感激烈的爆發。

276

完對我比較重要。

治療師：難道你們不能共同計畫這類工作嗎？

艾倫：我說的不是臥室的事，我大體上說的是週末的事。我坐在廚房裏看書和喝咖啡，妳跟孩子們一起，妳對他們說：「清理你們的房間，打掃廁所。」妳在清理這個，打掃那個，妳要做完臥室的事，妳要做完這個，妳要做完那個。我覺得好像下了班回到家，還要去面對另一份工作和另

一個老闆，和另
一大堆要完成的
事和……

琳達：〔打斷〕我沒
有要求你做任何
的事。

艾倫：為什麼房子不
能在週間我不在
家的時候清理打
掃？我是說，為
什麼我一回家妳
就開始在打掃房
子？

琳達：因為在週間，
我們都忙來忙
去，這裏，那
裏，很多地方。

艾倫：我是說白天的
時候。

嗯，至少他們能和彼
此講話。艾倫正試著
說明他對那件具體的
事會有的反應。這是
個進步，到目前為止
我還能控制著場面。

琳達：我沒有打掃他 　　們的房間。我要 　　他們自己做。	
艾倫：對，但是……	他們又開始了，他們 的嗓音升高，還有他 們反應的強度和速度 都提高了。他們又要 進行另一回合的激烈 之戰，我根本不想阻 止他們。
琳達：還有他們把房 　　間弄得亂七八糟 　　的，還有遊戲間 　　也是一樣，我試 　　著在他們後面打 　　掃，但大半時候 　　卻沒辦法做到。	
艾倫：〔打斷〕我覺 　　得我只想坐下 　　來，什麼事也不 　　要做。妳讓我覺 　　得妳反對我這	這個男人要他的家和 他的辦公室一樣的運 作，九點到五點，而 且只在週間，星期一 到星期五。

樣，因為你認為
我應該做點事。

琳達：那是你的感
覺。通常我會過
一會兒才問你，
就像這樣說：
「我想如果你把
你的西裝掛起
來，那樣會很
好。」

治療師：〔看著艾
倫〕你和兩個小
孩子住在一起，
你認為你可以有
個安詳又寧靜的
居家生活，那是
個很不實際的想
法。

其實妳可以放手，但
是讓他們學會如何處
理自己的想法和情
感，來回應所發生的
事並能夠因應狀況是
很重要的。喬伊絲，
妳應該可以這樣說，
來幫助艾倫處理他的
反應：「好像我曾經
聽過你有這類的反
應。你對這樣的角色
互動是否感到熟悉？
當你小時候，你家有

		類似這種情形嗎？」或者妳可以這樣說來刺激他的記憶：「哇，這聽起來有點像你自己家中某一個人的角色！」看看他是否有相似的回應。
艾倫：當我那天很慘，情形就特別的嚴重，因為什麼事也不能做，只能待在家裏。		
琳達：那我們為什麼不在禮拜天開車到海邊去？提道那邊很安靜，而且我們可以沿著沙灘走。我們可以讓小孩子吃比薩。我開一程，你開一程。如果我要你這樣做，你會說：「我不	他們兩個都很會為自己的觀點辯護。這實在讓我快抓狂。	這原本是個讓替身替艾倫說話的好機會，「為什麼我們應該去海邊？我們所做的事還不是吵架。」

281

喜歡開到海邊去。週末開車到海邊去是我不想做的。當天氣冷的時候，我不喜歡到海邊去。」

治療師：那麼你們是否能提出不同的建議？

琳達：嗯，或許我會說：「不」。有一點——是，這對我很重要，而且是我想做的事。我做這，去那，或幫他清理院子，即或當我很清楚的知道有一大堆的衣服一定要洗好〔我有一點誇大〕，但有時我還是會幫他清理院子。但

如果我讓他們兩個單獨做討論，我們會整晚在這裏。

是我沒有感覺到任何的回饋。你知道，我會做一些我不想做的事，就只是因為我知道那對他很重要。		
治療師：你們兩個如何計畫你們的週末？你們決定要去做什麼？有討論嗎？		
艾倫：沒有。我喜歡我的週末是完全沒有計畫的。我喜歡每一件事都是沒有計畫的。她喜歡每一件事情都計畫好。她會很高興如果我們計畫好所有下個禮拜要吃的東西，然後到商店	對我來說，聽起來好像是個好主意，但是感謝上帝，這不是我的婚姻。	現在是和艾倫討論他的觀點的好時機，在一個四人的家庭中，做為丈夫和父親的責任，這還包括了對計畫和妥協的探討。

283

只買我們所需要的東西。

治療師：那麼，有沒有一個可以讓你們彼此妥協的有效方法呢？

妳需要和他們討論，並告訴他們一個向彼此妥協的有效方法，而非問他們問題。他們沒有技巧來自己做。

艾倫：有啊。有時候我們會意見相同。決定這個和那個我們要做的事。

琳達：當我們有計畫，那也是我們唯一能完成事情的時候。我是說，不管是去商店或拜訪某人，我們必須做好計畫來把它完成。過著一種沒有計

畫的生活對我們並沒有幫助，因為到頭來我們什麼也沒做，哪裏也沒去，還有什麼也沒有完成。		
艾倫：那是因為我們對於要去哪裏沒有一致的看法。		
琳達：不是，那是因為我們連討論都沒有。	在他們再一次開火之前，讓我介入。	
治療師：比如說呢，當你說你們無法共同決定要去哪裏時，後來怎麼樣？		喬伊絲，妳知道發生什麼事，妳不需要問他們。妳需要向他們解釋，他們雙方都要為彼此的關係負起責任，而且都要努力來些改變，並學會解決問題的技巧。
琳達：我想不管去任何地方我都會很		

高興。

艾倫：任何地方是哪
裏？

琳達：喬伊絲才問過
你：「你說無法
同意是什麼意思
呢？」當你說我
們無法有相同的
意見來決定去什
麼地方時，我很
挫折。如果你問
我：「妳想不想
去紐約的美術館
嗎？」我會為此
興奮得跳起來。
如果你問我：
「妳想不想帶小
孩去動物園？」
我也會為此興奮
得跳起來的。

艾倫：當我說：「我
們帶小孩去動物

不要告訴我，我們又
要偏離主題了！他們
聽起來跟剛進來的時
候一樣的生氣。我覺
得完全被打敗了。

園吧。」妳一點
也不高興。

琳達：沒有，嗯……

艾倫：還有如果我
說：「我們一起
去紐約的美術館
吧。」妳會說：
「在維琪姑媽家
放我下來，然後
你們可以去紐約
的美術館。」

琳達：〔生氣地〕才
不是這樣子。

艾倫：〔大聲地〕這
是真的。當我們
在紐約的時候，
我們可能還要停
下來去看一下維
琪姑媽。

琳達：我想要解釋一   這裏我們又開始了。
下。當我姑丈快   我覺得我好像是媽

要過世的時候，唯一我能去看他的方式，就是要艾倫帶我去紐約和帶小孩去美術館。

艾倫：不，不要說那個，那不是唯一的方式。

琳達：那是唯一的方式。你不會想要上樓去坐在我姑丈家的公寓。

艾倫：喔，我們帶著小孩，而我不想把車子停在那個附近，帶著小孩走在那裏。

治療師：〔看到琳達的雙眼充滿了淚水〕琳達，妳可以表達一下妳現

媽，而這一點也不好玩。他們兩個都想要確定他們如此感覺和為什麼對我這樣做的原因。這真的非常像手足之爭。

可憐的孩子，她已經快承受不住了。

當她雙眼充滿了淚水時，妳必須當她的替身。妳所要說的是：「這對我來說非常的

在湧出來的感覺
嗎？

琳達：〔抽取面紙〕
我不知道。我不
知道這是什麼感
覺。我覺得他在
顛倒是非。〔把
頭埋在手裏〕我
很想要他跟我一
起去看我姑媽，
或是和我家人在
一起，但他從來
也不願這樣做。
所以我想我至少
得到了我想要
的。而他也有得
到一點他要的，
因為他不需要面
對我的家人，他

困難。我覺得很挫敗
而且很難過。看到你
對我了解的這麼少，
還有你並不想要取悅
我，這實在讓我很痛
苦。」

可以帶小孩到博
物館去。

治療師：妳有問他
嗎？

琳達：〔比較放鬆並
回到她原來的鎮
靜〕我不記得我
們怎麼討論的。
但我想他把他的
意思表明得很清
楚。

艾倫：妳說：「為什
麼我們不這樣
做？」我　說：
「好。」

琳達：我是說，以前
我很喜歡去拜訪
我所有的叔叔阿
姨們。現在我唯
一能看到他們的
機會是在葬禮或
婚禮中。現在我

她的感覺是如此的短
暫。實在很難讓她將
她的感覺停留久一
點，好讓我透過替身
將它具體化並且深入
探討。她轉換得很
快。

覺得跟他們任何一個都不親近。		
艾倫：對我來說那是折磨。		
治療師：什麼折磨？		
艾倫：從一家到另一家，去看一些跟我們完全沒有共同點的人，而且談一些我完全不知道的事。	他們又開始了，這實在很累人的。	
琳達：〔大聲地〕跟你的家人，我們還不是這樣子。		
艾倫：〔嚴厲又尖銳地〕我一樣不喜歡去看我的家人。除非是聖誕節或特別假日日，我盡量都不去。		我需要向他們兩個提出來說：「有差異是沒有關係的。你們可以當你們自己。」這不是一個看誰把誰變成雙胞胎的比賽。他們界線的種類是何等

291

不同。艾倫的是僵硬不彎曲的，琳達的是糾纏不清的交織線，他們跳的是什麼樣的舞。我知道如果我那樣說，又要讓琳達感覺好像她一直是那麼孤單和與人隔開。既然這次的晤談已經快到尾聲，我最好不要再評論。

琳達：〔挖苦地〕那麼，你是個戀家的人，是嗎？

艾倫：〔尖銳地〕我不喜歡去拜訪別人，坐在那裏跟人家講話。

琳達：這是真的。〔轉向治療師〕禮拜天，我們從我哥哥家過來。

我是說，我們離開那裏比我預定的早了一點，但我想沒有問題，因為我們在那裏待夠久了。我們回來時，我看到對街我的朋友帶著她出生不久的孩子回去看她媽媽。我對艾倫說：「雪麗很快就走了。你要不要一起去看她的新生兒？」我不知道他是不是只想進去看一下新生兒，然後掉頭就走或什麼的。

艾倫：〔大聲地〕我又沒想到會有一大堆的人在那裏。

琳達：你看到很多的車子啊。

艾倫：〔還是非常的大聲〕我沒有想到啊。我知道雪麗回去看她媽媽，而我只想看一下新生兒就走了。

琳達：那就是我們做的事。我們走進去。我跟雪麗講話和逗她的新生兒。他站在那裏說：「沒有什麼事比看嬰兒更無聊的了。」當他們問我們是不是要留下來吃點心或喝個咖啡之類的，我只能告訴他：「你何不先回家，我要再待

一下子。」		
艾倫：那很好。這不會困擾我。		
琳達：但你不需要說那樣的話。他們說他們真希望你可以留下來。我只想告訴你那是很不禮貌的。		
艾倫：那不會不禮貌的。		
治療師：妳很難接受艾倫離開，而不選擇留下來和大家聊聊？	現在什麼在困擾她？在這些晤談中永遠都有那麼多的抱怨。他們兩個只是抱怨、抱怨又抱怨。	我需要用比較有結構的方式對這對夫妻說：「拿一件你們之間的事來討論。」這種自由討論的方式，讓琳達說這說那，跳來跳去，沒有任何的解決方案。她只是不停地在抱怨。沒有專注在一個問題去從中得到一些滿足感或找

		到解決的辦法，她抱怨的清單是愈來愈長。
琳達：我是很難接受他這樣做，但我覺得我能處理。我只是指出事情有多難而已。		
艾倫：〔嚴厲的〕妳說我這樣很失禮，我一點也不這樣認為。我根本不想跟一大堆的陌生人坐在一起講話。		
治療師：你們兩個真的是每一件事都要吵。		
琳達：如果大家都不想坐下來和別人聊聊天，這會是什麼樣的世界？	在她變得更生氣地說出充滿怨恨的話語前，讓我插進來打斷她的話。	

治療師：〔看著艾倫〕我知道你們不是自己心目中理想夫妻的典型。	
琳達：〔用著刺耳怨恨的聲調〕我也知道。沒有關係。星期六你的妹妹為了她的女兒辦了一個生日宴會。我也不很想去。	我試著把話題打斷，而那似乎讓琳達覺得更沮喪。這沒有作用。我覺得被打敗了。
艾倫：〔大聲的打斷〕不，不，不，不，不。那是瞎扯。	
琳達：〔諷刺地〕你不是說：「我可以待在家裏，你可以開車帶小孩出去？」	

艾倫：當妳被邀請的時候，我陪妳去妳哥哥的家。我沒說：「好，自己去參加生日宴會。」

琳達：〔用著怨恨刺耳的聲調〕是嗎。要怎樣？

艾倫：〔更大聲，更指責的意味〕不用告訴我妳什麼時候去參加生日宴會，我會去瑪麗姨媽的家因為妳……

琳達：〔打斷〕我只是問問看。我是說，我可不可以開車去某個地方，但你不需要去，是因為你不

讓我看看能否在她更生氣和有可能大發雷霆之前，澄清她的意思。她以前這樣做過。我要避免她把自己放在那樣的處境

想去。

中，然後因此而後悔。

治療師：琳達，如果我聽懂妳的意思，你是說妳覺得妳好像必須按照他所希望的方式來做事，但他卻不以相同的方式對待你。

琳達：我的意思是我跟你去任何地方，就算我可能覺得不太自在或者根本就不想去，但我還是會這樣做，因為我是你的太太，而且我屬於你。

我需要跟琳達指出，她和艾倫必須對彼此社交角色的期望有相同的看法。他們會都同意為彼此一起出席公開場合嗎？不能只是假想對方願意與否。

艾倫：〔生氣地〕我們有多常去？

琳達：〔怨恨地〕比

我們去我親戚家多太多次了。		
艾倫：雷尼〔琳達的弟弟〕生日的時候，他有邀我們嗎？他有辦宴會嗎？		

琳達有兩個兄弟，兩個都非常得她媽媽的喜愛。她的弟弟是個不為人知的同性戀者，他開了一家花店。琳達的媽媽常常在花店中幫忙，而且不斷地向琳達誇口說他多有創造力，並且多支持她走出家裏到外面去。對弟弟得到她媽媽的注意，琳達感到非常地怨恨，她還是覺得她媽媽完全不把她放在心上。

琳達：不，比爾〔琳達的哥哥〕邀我們過聖誕節，你才不願意麻煩去那麼遠。我的父母邀我們去海邊，但你也不願意開車到海邊。		
艾倫：〔大聲並防衛		

自己地〕我有去海邊。	
琳達：上次是什麼時候？	
艾倫：我不記得了。	
琳達：我也不記得。上次我們去海邊的時候是去年的夏天。	我已經失去制止她們的興趣和精力了，不斷的澄清和當他們的替身是一項沒有止盡的工作。他們只想不斷的彼此攻擊。

琳達和艾倫兩人以前都說過，他們不喜歡在琳達父母家中過夜，因為琳達的媽媽喝太多酒了，家裏到處都是啤酒罐，而且當她醉倒的時候，她就隨地到處睡覺。琳達雖然非常氣憤她媽媽的酗酒和她爸爸提供一箱又一箱的啤酒，但她拒絕直接去面質他們其中任何一人有關他們的問題。

艾倫：所以妳也不想去海邊。不要把所有的責任算在我頭上。	

琳達：但當你和我一
　　　起去的時候，就
　　　覺得容易多了。

艾倫：才不是，妳也
　　　並不常想要去海
　　　邊看妳父母。

琳達：沒有錯，我是
　　　不很想去海邊。
　　　實際上，想到明
　　　天要去海邊實在
　　　很頭痛，但小孩
　　　們在那裏，我必
　　　須去接他們。我
　　　想這樣做對小孩
　　　很好，不管那是
　　　什麼原因，是罪
　　　惡感，或是對我

我需要讓琳達透過替
身表達出她覺得很難
和她父母在一起。這
樣艾倫可以意識到她
多麼期待他能在社交
角色上給她支持，就
像他希望她在他工作
角色上給予支持一
樣。

的童年感到難過
或傷心，我還是
認為我的父母很
喜歡小孩子在他
們那裏。

艾倫：很好啊，我不
反對小孩子到那
裏去。

琳達：我並沒有說你
反對。我不知道
我們怎麼談到這
裏來了。我想
……

艾倫：〔生氣地打
斷〕我不喜歡到
海邊妳爸媽那
裏。

琳達：不過，為了孩
子我想更常去。

艾倫：我們整個夏天
都去那裏。

治療師：小孩子是不 是去那裏好幾天 了？	讓我分散他們的注意 力，這樣我們才可以 有一個總結來結束這 次的晤談，而不是突 然之間停止。	
琳達：〔想了一下〕 嗯，他們星期天 走的。		
治療師：妳明天要去 接他們。		到這裏我已經筋疲力 竭了。我試著盡量不 要做任何事，除了單 純的陪伴他們。這是 非常累人的事。這次 的晤談應該結束了。 我需要制止他們繼續 下去，並幫助他們來 思考和討論這個過程 中所發生的種種，但 我選擇不這麼做。因 為太疲倦了。我覺得 好像和我的父母在一 起，而我努力讓自己 不被淹沒。我讓他們

像這樣繼續下去，要看看他們能維持多久。他們也一樣筋疲力竭。

琳達：對。

治療師：所以你們兩個有沒有做什麼喜歡的事？

艾倫：有啊。

琳達：昨天我沒有煮晚餐，所以我們到一家餐廳用餐，然後我們來這裏。

治療師：艾倫，當你說：「有啊。」那是你認為囉？

艾倫：我想我們曾經一次，甚至兩次兩個人都很愉快。星期天，我

很累。			
治療師：妳父母過來接他們嗎？	也許如果我繼續專注在具體的事，我可以使他們鬆懈下來。		

雖然艾倫和琳達討論過，不要讓他們的孩子跟琳達的媽媽過夜，因為她有酗酒的習慣，琳達認為當她的孩子在那邊時，她的媽媽喝得比較少，況且孩子們很想去，所以他們已經跟她的父母比較常在一起了。

艾倫：他們住在雷尼那裏。			
琳達：我的父母到雷尼家過復活節，我問他們孩子是不是可以跟他們一起回去。			
治療師：當孩子不在的時候，你們兩個是不是比較快樂？			
琳達：事實上，似乎	很好，他們平靜下來		

有點比較無聊。我的意思是，我覺得禮拜天晚上很無聊。我是說，復活節那天結束的太早了。

治療師：那你們做了什麼了？

艾倫：看電影。只要有空的晚上，我們就看電影。

治療師：我聽見你們說你們相處歡愉的時光比較少了。

琳達：今天，可能有點更糟。這聽起來好像很傻，但我認為這跟最近一直在下雨有關。我覺得好像我們被困在房子

了。也許我可以教他們如何藉著換檔改談不同話題來停止舌戰。

裏，什麼都不能
做。就像我所說
的，我一直在臥
室裏努力粉刷。
我是說我的手臂
酸死了，我一直
告訴艾倫說他比
我高也比我壯，
他至少可以比我
快兩倍做完這件
事。但我要完成
它。我拿下所有
的壁紙，除去背
襯的紙，並用尖
尖的東西把所有
的膠水刮掉。

艾倫：但這跟所有的
高低情緒有何相
干？對妳的問題
沒有幫助。這也
不會改變妳的是
否疲倦。

琳達：我不是說我累

了，我只是說覺
得好像被困在屋
裏。

艾倫：就算是這樣
子，那只是造成
緊張且把事情弄
得更糟。那一點
也沒有改變妳半
點，於事無補。

琳達：我沒有說事情
是這樣子的。我
只是說為什麼情
況變得更糟。

艾倫：我想會更糟糕
的原因是因為我
必須在那裏。我
沒有使事情變得
更糟的事實。那
就是問題所在。

治療師：你們兩個都
必須明白一定有
一些改變的承

這真是令人生氣。一
小時已經夠了。像這
樣子，他們是如何生
活下去。

終於有一點廣播時間
讓我說話了。他們可
以和彼此結婚，但我

309

		可不需要和他們結婚。
諾。		
琳達:我一直都這樣說。		
艾倫:改變什麼?我必須改變我自己成為那種喜歡跟一大堆人講一些無意義話的人嗎?		
琳達:不是,我從來沒有這樣想過。		
艾倫:所以不要再拿那件事來戳我了。		
琳達:難道夫妻之間不會因為另一方喜歡而為對方做一些事嗎?	我要打斷這個對話,因為如果我再不這樣做,他們又會暖身起來,然後就沒有辦法結束了。琳達就是無法放手。	

310

治療師：〔打斷〕我了解妳的意思，琳達，但這需要每一方的願意，必須是一起同意的。

艾倫：什麼？

治療師：我不是針對你們個別講的，這句話是對你們兩個說的。你們必須自己做決定，願意貢獻或是改變自己什麼來讓另一個人高興。我認為那必須是經過仔細考慮過，然後自己做決定的。不是有人來告訴你必須做什麼事來取悅他們。因為那聽起來是操縱和

控制。琳達，不是由妳來告訴艾倫他必須改變什麼，應該是由你們兩個來決定，什麼會對你們這個關係有幫助並找到妥協。

艾倫：但我所不同意的事是，她因為自己有的一些缺點而想要改變我的內在特質。對這點我完全不同意。

醒過來聞一聞咖啡吧。你有一個真實的妻子，不是夢中情人。

治療師：我認為你們兩個都沒有努力要讓你們的婚姻變得更美好。你們兩個都說你們的婚姻關係比以前好了，因為你們不像以前那麼

喬伊絲，就是要這樣子。讓他們為這個婚姻負起責任。

常吵架。好，那我們如何使它更好呢？	
琳達：〔情緒波動地〕我覺得好像我活著。我在等待……	我希望我沒有給她另一個她自己是個受害者的想法。
艾倫：〔打斷〕等待什麼，一個奇蹟？	不，等你醒過來並了解到，你確實需要為這關係做一些努力。
治療師：嗯，我想過這個，我要你們兩個也想一想。	
艾倫：在這過去的一年多來，我工作上的情況已經消耗了我的精力，甚至我的後半生都受到牽制。我正試著要解決。	我想他至少聽到我的話了。

　　在過去的一年，銀行業一直都滿艱難的，而艾倫的職位也有

313

許多的改變。他被調到另外一家分行，從他家到那裏要多開半個小時的車程。他的職務津貼（車子和開銷的戶頭）被終止了。他在銀行中的職位被調到壓力很大，且他很不喜歡的貸款部門，他的工作時間變長了，他每天需要多工作兩個小時，連星期六也要工作。

治療師：嗯，那有可能是事實。但談談你們個人願意在你們的關係付出什麼，以及找出一種方法來使你們的婚姻有較少的壓力，這樣似乎比較有意義。這種繼續不斷的意見分歧最好停止了。		
艾倫：我們有不同的人生哲學。她要討論我們所做的事，而我要討論做這些事的原因。她會說：	嗯，那是個有趣的角度來看這件事，但如何實行又是另一回事。	在這個要點上，妳應該可以這樣說：「對，艾倫，你們兩個都是不同的，但你們需要彼此妥協，接納彼此的痛苦並互相

「我們的婚姻是
我們每天必須在
吃晚餐前出去散
步，這樣有什麼
不對。」

治療師：嗯，外在行
為的改變是暫時
的，內在的改變
才會有一個長期
的效果，這牽涉
到改變關係中的
內在層面，然後
你自己本身。

琳達：我不認為散步
會使我們的婚姻
關係變得美好。
我想散步給了我
們談話的機會。
這給我們一個機
會去做一個一家
人會做的事。

艾倫：我看這件事的

幫忙，而不是用攻擊
對方來防衛自己。」

艾倫可能對他和西爾

角度是這樣的，我們一直在做一家人在做的事，不管我們坐在廚房裏，或客廳裏，或樓梯口，我們都有機會講話。

琳達：〔生氣地〕很明顯的，我想我們談得不夠多……

艾倫：〔嚴厲並且更大聲的〕那麼，談啊。我在說的是，「談話啊。」別想告訴我，談話就一定要散步。

維亞的外遇問題心中懷有怨恨感，投入家庭的話題和問題，有可能讓他再一次張開他的舊傷。琳達非常害怕艾倫真的很想又離開他們的關係。她試著用要求他幫忙做一些表面看起來很小的事，為的是讓他表現出他有興趣維持這份關係。

316

琳達：那是因為當你坐在電視機前或看書的時候並不容易跟你講話。這樣講話我很不自在。	
艾倫：那麼當我坐下來，吃晚飯前或吃晚飯後跟我講話啊。	
琳達：吃晚餐前，你很容易發脾氣。晚餐後，你就起來走到客廳裏去了。	
艾倫：所以進來跟我講話啊。	
琳達：我才告訴過你，我不覺得自在。	照他們所說的這樣下去，他們結束不了。停止，停止，讓我們有些總結吧。

艾倫:晚餐之後,當妳忙完廚房的事的時候,我在等著你會有任何的表示。		
琳達:你坐在客廳裏看書。		
艾倫:沒有,我不是。我沒有一直在看書。		
治療師:這開始聽起來有點像坐在寶座上的國王。琳達必須找對時間和地點。	這次的晤談需要結束了。	嗯,我很高興妳直接的對他說了一些事了。他需要有人反映出他所說的,但我需要用比這個更好的詞句。
艾倫:不,我是在等待。		他沒有因這句話而感到傷害。他說:「我在等待。」
琳達:嗯,那只是我的感覺。		

艾倫：我只是在等著換檔。等一下會發生什麼事？但什麼事都沒有。所以我看書。		
琳達：因為你喜歡你的生活沒有計畫。		
艾倫：妳想要規畫我的生活，但妳得不到這個答案的。		
治療師：〔轉向艾倫〕你為什麼不說：「琳達，如果你想要跟我講話，晚餐之後是個好時段。」		
艾倫：〔被打敗地〕可是我就是沒辦法……	嗯，我不知道那是什麼意思，但這個晤談需要一個總結了。	艾倫也是非常害怕和琳達擁有親密關係。這可能是外遇的後果。他的害怕是很明

顯的，因為在任何一個地方，如談話、一起出去之類的事，他都在逃避琳達和他親近的機會。他想要建造一個殼躲在裏面。

治療師：你再也無法向她直接講話了嗎？

艾倫：如果妳要跟我講話，晚餐之後是個說話的好時間。

喬伊絲，這是一個讓他做角色練習的大好時機。他需要行為的練習。他需要一種詳細明確的對話來幫他暖身。

琳達：好，但我們可以在台階上或後院說話嗎？

艾倫：如果外面天氣好的話。

琳達：並不是說我需

我應該可以對琳達

要和他講話。有時候我只是喜歡坐下來跟他說説話，有時候只是坐在台階上看孩子們玩。

艾倫：所以當外面天氣好的時候，我們可以這樣做。

治療師：〔注意到琳達的眼睛充滿了淚水〕妳可以說出妳現在的感覺嗎？妳是不是覺得如果你們兩個可以單獨在一起就很好了？

說：「是的，我了解。」告訴他們，他們可以將自己的軟弱暴露出來，不需防衛的。

這是一個透過替身來表達的好時機，就算晤談快結束了。妳可以說：「終於聽到你要我說話，這太棒了。我只是想要跟你講話。只是想要跟你有聯繫。要跟你聯繫是非常難的。」妳應可以當她的替身，並用某一種方式來結束。妳在生氣他們的不變通和渴望被解救，這個生氣阻礙了

		妳。
琳達：〔點頭〕		
艾倫：我們是在一起。	在繼續下去之前讓我停一下。看看我是否可以進行完今天的晤談。	
治療師：我想要用多餘的時間講話，而不是看錄影帶。我覺得你們兩個都知道你們在做什麼，你們也許正在挪走或粉碎你們關係中的障礙，但什麼事都還沒發生。那不是我的婚姻，那是你們的婚姻。		

　　在過去的這幾週，每一次晤談後的半段，都拿來看前半段的晤談錄影來做為結束，我們已經一起花了十五分鐘在討論他們對錄影帶的反應。他們兩個似乎都非常專注於自己的形象，特別是

322

艾倫。他們兩個似乎沒有能力來反省和檢討如何改變他們的關係，也沒有懷疑他們把晤談時間那樣用掉，是否值得。不過，他們看起來好像比以前更能夠彼此面質。

艾倫：我覺得問題的所在是看事情的角度。我覺得我的生活沒有什麼問題，而且我會十分的高興如果她能不再想所有那些改變的主意。她的感覺，我所得到的結論是，她自己的生命本質中有一些問題需要調整。		
琳達：不是的，我不覺得什麼地方有問題。但我的確認為可以更好。為什麼要屈就次好的而不選擇最好的呢？		我原可以提醒琳達，她要能暖身有多難，還有她是如何的期待其他的人，特別是艾倫來幫她暖身。然後再提醒她，她需要自己暖身，和艾倫有聯

繫，但不要一直期待艾倫來幫她。我原可以這樣說來當艾倫的替身：「試著要改變並改善我的職業，已經讓我覺得夠艱難了，我不要被期待為妳改變我的私生活。」

艾倫：那麼，繼續吧，只是不要把我的生活弄得很難受。

琳達：有時候，我非常的不滿，而且我真的相信可以更好的。我知道可以更好的。

治療師：艾倫，或許你說的是你的態度已經影響了你們的關係。自從

銀行的事業開始
走下坡，你一直
埋頭在工作之
中，然後你心裏
又有一點其他的
事，琳達發現你
的態度已經影響
了這個婚姻。

艾倫：你也知道每到
　　　冬天的時候，我
　　　就覺得很受束
　　　縛。我討厭冬
　　　天。我討厭被困
　　　在房子裏。

治療師：如果你不保
　　　留一點精力給你
　　　的家庭，你能了
　　　解琳達的感覺和
　　　想法嗎？

艾倫：剩餘的精力？
　　　我想我無法事先
　　　看到她所認為更

我原可以用替身表達
出艾倫的沮喪，還有
他動彈不得的感覺，
或是我可以讓琳達將
她所聽到的用替身表
達出來。

我原可以用替身表達
出艾倫的不滿和琳達
的不滿，這樣他們可

好或最好的機
會。嗯，也許我
們可以一起做更
多的事，還有更
常出去。〔轉向
琳達〕好，我們
就這樣做。我想
我生活上真正的
問題是妳對生活
的不滿。我覺得
我們真正在談的
事，並非我們現
在正在說的事。

治療師：那是什麼？

艾倫：我想上個星期
我們的吵架是別
的事造成的。
〔看著琳達〕在
我們處理真正的
問題前，我們必
須先解決妳的問
題。這問題就是
妳要有人聽見

以去感受或經歷他們
問題的相似性與共同
性。然後他們兩個可
以去感受艾倫對失落
的反應。並且彼此互
相同理。

妳需要讓艾倫知道他
能輕易的看清楚琳達
的問題，但他很難看
清楚他自己的。一個
能改善、擴大和深入
與琳達有互動對話的
方法是去談有關他自
己的事，而不要攻擊
她。如果我指出這一

326

妳，妳覺得一直都沒有人在聽妳的聲音。在我們可以開始妥協以前，必須先處理這個問題，因為我們永遠也無法做到讓妳可以注意聽和服從任何事。

治療師：另一方面來說，你的問題是你覺得一直被下指令，叫你做這個做那個，你很難屈服。

琳達：如果我看到我們兩個都努力妥協，我會覺得好多了。

點來，也許他能開始了解和認清他自己。喬伊絲，這個男人是如此的無法感受自己的感覺，如果妳沒有幫他透過很多的替身來表達，他會有很多的困難。除此之外，他並不認識他自己，所以，他如何讓琳達看到他是誰。喬伊絲，妳在作夢。

艾倫：妳不要一步一
　　　步來，妳要一次
　　　走兩步。

治療師：各位，你們
　　　兩個都需要做些
　　　改變。

艾倫：我想那就是我
　　　在這裏所做的
　　　事。我們必須改
　　　變我們個人的困
　　　難。如果我們這
　　　樣做，我們就不
　　　會有任何夫妻的
　　　問題了。

我應該要告訴他，
「好，你要個別改變
這些問題，我曾要求
過你參加團體治療
的。如果你不要參加
團體，單獨去做個別
治療吧。到別的地方
解決你個人的問題，
要不就讓我們在這裏
努力。艾倫，你曾拒
絕過這樣做。」喬伊
絲，妳需要更堅定的
要他立下改變的承
諾，使這些晤談往前
進，並在更深入的層
面繼續成長。

治療師：〔站起來〕
嗯，也許那是真
的。現在時間已
經到了。我們下
次再繼續吧。

治療師的回顧

就某些方面來說，我選擇這對夫妻來解釋我書中的理論，一點也不令人驚訝，因為琳達和艾倫有可能就像我的父母一樣。當我還是個孩子時，我總是希望我的父母會互相了解，並且用一種更充滿愛意和關懷的方式來彼此表達他們自己。在這裏，我遇到相同類型的夫妻，希望他們使用我提供給他們的 AMP 技巧——他們這樣做了。但是，他們兩個都有許多的需要，沒有我不斷地增強和鼓勵，要他們維持這些技巧，對他們來講是很難的，至少這個時候我是這樣想的。

琳達不知道如何去表達她的情感，因為在她小時候，她沒有一個榜樣對她說：「我們去看煙火吧，然後我們還可以去吃些冰淇淋。」她只是不停地在抱怨：「你從不幫我。」其實她可以這樣說：「嘿，我們今天來換壁紙好不好？也許我們可以讓這兩個孩子幫忙刮，然後叫一些中國菜來當晚餐。」

琳達不曾被她的父母親或重要他人當她的替身幫她說話。正

因如此，她無法替自己表達。透過她的治療師來替她扮演替身的角色，這樣她就能夠受到增強並表達出自己的想法和情感。到時候透過我當她的替身和榜樣，她將不再需要向艾倫抱怨，說他不當她的替身來替她說話，而且她能夠對艾倫說：「我們今天到動物園去，你覺得如何呢？我們可以不用去瑪麗姑媽家。」

　　艾倫對他爸爸非常地生氣。他無法將他自己和父親有所區分，雖然他很怕他父親，但在不知不覺中，他父親的模式印在他的心裏，並且成為他不斷模仿的對象，而他也就變得跟自己所害怕的父親一模一樣。在艾倫小的時候，他的父親會因為他沒有完美的表現而打他，一直打到艾倫求他開恩說：「爹地，我會很乖。」為了保持正常的神智，他逃避不去感受那些事件帶來的痛苦和創傷，直到今天他依然無法去感受很多的感覺。他變得跟他爸爸一樣的固執，並帶著一種「你無法使我怎麼樣」的態度。他從來沒有聽過他媽媽抗議的聲音，所以他也無法聽到他太太的聲音。因為他不能變通和委屈自己來幫他的太太油漆臥室或讚美一個嬰兒。他認定固執和自以為是就是男性的象徵。這種頑固不變和「不要碰我」的心態讓他撐下來，也成為他生存的模式。

　　身為治療師，輔導這對夫妻對我有什麼影響呢？剛開始的時候，我總是覺得非常地被他們需要和感激。我常常覺得自己好像一個面對兩個孩子彼此互相競爭的媽媽。他們渴望著學習技巧。但是，當我開始告訴他們如何使用新的技巧時，他們還是要我不斷地幫助他們。我發現我自己不斷地要去注意並確定他們不會變得對彼此太生氣，而忘記了他們所學到的技巧。身為參與的成人，他們現在知道如何當別人的替身、角色互換，和了解暖身預備、

演出和尾聲的步驟。但是，當他們恢復到之前手足之爭的角色時，他們變得自以為是，並想要控制別人，而且任心中那個任性的孩子跑出來，成了他們最重要的事。他們有時候會疲憊嗎？是的！他們有時候會很挫折嗎？是的！我是否依然覺得教育和訓練他們是有回報的？是的。

　　與這對夫妻在做治療晤談時，所產生的極重要的反移情問題，包含了有關我自己和我父母親相處的經驗。在我小的時候，我時常因為試著保護父母而從他們身上得到愛和認可。在這對夫妻的治療中，我時常發現自己又回到以前與父母關係中的那個相同的角色，而覺得自己很不稱職，壓力很大，還有被拉扯在兩個不同的方向中。我了解到自己成為這對夫妻關係中不稱職的解救者，所以我開始要這一對夫妻為他們自己的關係來負責任。在這個過程中，我想到 Moreno（1941）的話：「我希望我生來與你合而為一。但是，感謝上帝，我生來就與你分開的，所以我能以不同的人來和你相遇。哦！上帝，哦！我的上帝，現在我已與你相遇，而且與你合而為一，我希望能跟你一起同死，成為一體」（p. 223）。

反移情

　　從這些章節中呈現出來的治療晤談中，我們很容易就可以看到反移情（countertransference）的問題一直都存在。反移情是那些在治療師幫助個案的時候，浮現在治療師反應中的問題、感覺，

或想法。治療師跟個案的互動，勾引出治療師潛意識或過去未曾被解開的心結，也就因此產生一些感覺和想法。治療師身上這種潛意識的力量，在各種情況下會復甦是無可避免的，也是眾所皆知的。Moreno（1941）告訴我們就算是最有經驗的治療師，在有些情況下，也會經歷到反移情的問題。這並不是說，這些問題妨礙了目前的這場戲，因為或多或少的，他們好像一個搖鈴者的角色，或一個提醒，「我曾看過像這樣的戲，也許我可以幫忙。」或是「我的媽媽曾有那樣的行為，但我……。」所以治療師的基本特質就是自發性。在晤談之中，要能夠全心全意的投入，治療師需要不斷地意識到反移情的問題，反移情往往只在表面之下，而且不知不覺中融進自發性的回應。

身為治療師，我們擔任一個高智力、有時候是全知者的角色。我們的重心是放在個案的自戀情節。當幫助一對夫妻時，我們要關心的是兩個人的自戀情結，還有為了得到治療師的注意而產生的手足之爭的可能性。

投射性的認同

在任何時候，我們這些治療師都可能有投射性的認同（projective identification）。我們有責任去察覺和處理我們自己的感覺。Bion（1959）說治療師和個案之間發生很多的事情，但兩方都沒有察覺。也許正因為如此，這也就是為什麼我相信治療師的內心世界，是他在這個互動過程中最重要和最有用的工具，因此，

治療師必須在虛幻和真實的兩個世界中保持平衡。要能這樣，我們需要抓緊做為治療師的目的。這個目的，以我的看法，是去幫助夫妻改變。這需要一個特別有創造力的角色，並發展出治療師的風格，以及治療師和夫妻間的關係，還有需要不斷的把焦點放在夫妻治療上。一旦治療師幫助夫妻調整了他們對治療的需要，治療師的催化者角色就能夠更加清楚地被界定。

夫妻治療的六個過程

身為夫妻治療師，在聆聽我們個案的時候，我們有必要敏銳地察覺自己內心的聲音，而這部分有時候很難做到。這個內心聲音，也就是治療師情感的自動反應，是了解治療過程的關鍵。我們需要去察覺，並且維持六個過程：傾聽夫妻雙方，當夫妻雙方的替身，必要時介入，還有一直傾聽我們自己內心的對話。要記住的是，幫助夫妻時，努力的去找出真相，是治療過程中很重要的事，使用 AMP 來督導所有步驟的方法，能夠幫助治療師來檢討反省。這就好像我們使用「替身」的方式來幫助每一方將自己內心的聲音表達出來一樣。我們也必須幫自己內心的聲音表達出來，以及設計好一個方式能將治療師和夫妻三方之間，在治療過程中的互動透過替身表達出來。一旦確定，我們就可以透過這樣反映的鏡子察看形諸於外的資料，並且看清楚我們自己的盲點、錯覺或幻想。通常知道和感覺之間是很不一致的。當我們幫助一對夫妻面對他們的失落、憂傷、親密，和親密的程度（疏離和依

戀）時，我們會回想起我們自己個人在這些方面的問題，並且使用這些經驗來做為工具。AMP的督導工具讓我們能對這些方面有更多了解，幫助我們做治療師的，可以來回顧和檢討。

用反移情作為引導的方式

無助是個案們常會有的問題，這會讓我們看到我們自己的不足，我們自己沒有足夠的能力來因應，或是有能力來看到希望。身為治療師，我們強調自己必須先被治療過，然後才能去治療別人。但是我們堅持不承認當治療師的我們會有需要，不去看我們也不斷需要被治療的事實。我相信我們的痊癒需要持續不斷，透過各種不同模式的督導方法，讓我們身為治療師的可以來使用，並因此更能頓悟。我們心理上的、情感上的，和精神上組合的作用，提供我們一組角色，是需要好好的調整，來讓我們的技術表現到極致。這個精細的調整需要我們全力以赴，不斷的尋求我們個人生活和專業方面的成長和發展。身為一個專業人士，我們有責任當一個榜樣，我們不是完美的支持者，而是把遵行我們的使命做為治療指南。

治療師愈察覺在回應個案時自己的反移情問題，在治療過程中就愈不會受到熟悉的或個人問題的潛意識影響。治療師必須非常小心，不要將個人的情感投射在個案身上。雖然反移情被認為是負面的或是一種適應的不良，一個反移情的現象，如果使用得當的話，有可能是一個有用的工具。如果治療師對自己的情感或

想法不害怕也不擔心的話，反移情會在晤談過程中，以一種很適當和有幫助的方式，在回應個案時自然的出現。比如說，在分享這些感覺時，治療師可以說：「當你說……，我覺得很不自在，因為這使我想到當……。這有沒有讓你想到，你也曾有過相似的想法或感覺呢？」要注意的是，使用這類的策略時，需要治療師和這對夫妻之間有一個很好的信任關係。

第十章

回顧與檢討

演出派
夫妻治療

　　在治療的初期，琳達說她來做夫妻治療是為了要減少困惑，因為她不確定在她和她丈夫，艾倫，之間的關係中她扮演什麼樣的角色。她說她覺得在這個關係中沒有安全感，而且除了艾倫的婚外情之外她沒有辦法想別的。她擔心他可能會再次欺騙她。她不斷地憂慮另外一個女人仍然在她丈夫的生命當中，她覺得不得不極力的去抓住他，但同時強烈的想找出他們關係中的每一個不完美，來證實他不是一心一意地對她。雖然艾倫不斷的向她保證，但她覺得他所說的非常空洞，使得她依舊不確定他是否對她忠心，也使她相信他可能會去找別的女人。

　　艾倫覺得琳達時常在他面前提外遇的事。他說他們之間的疏離已經改變他的想法，他現在知道什麼對他是重要的。從他的角度來看，他表示他不再是和有外遇的時候一樣了，他就不會考慮離開他的太太和家庭來尋求別的滿足。他又說琳達不斷地嘮叨要求保證，還有她對他的不信任讓他覺得很挫折，都使他感到無力。

他們怎麼看他們自己

◤ 第一個社交原子圖的檢討

　　這對夫妻的第一個社交原子圖表在他們開始來做治療時候就完成了。知道他們的社交測量狀況，可以看出每個伴侶在他／她的環境中是如何的看他／她自己。既然社交原子是了解一個人社

交狀況的方法之一，我就決定要每個伴侶在治療的開始、中期，和結束的時候都完成一個社交原子圖表，相信這樣的一個過程會看出夫妻社交測量上的一些具體改變，因此就可以察明在治療的過程中夫妻的關係是否有所不同，也就是去了解在治療的過程中夫妻是否因為彼此或者其他的家庭成員而改變他們的位置或角色。

第一個社交測量圖表，可以提供每個伴侶和他／她的世界的關係，誰在他們的環境中，以及每個伴侶覺得和別人之間是多親近或者是多疏遠這類的資料。這個資料也能夠提供給治療中的三個人，夫妻和治療師一些頓悟和了解。

伴侶們完成投射的圖表、社交原子，和角色評估。他們認為他們的伴侶是如何看待這個世界的觀點，可以提供資料讓我們了解這對夫妻對彼此的了解有多少。他們是否能夠和他們的伴侶轉換角色？在治療的過程中，他們和伴侶轉換角色的能力是否能夠進步？

投射性的圖表

琳達所畫的第一個圖表（圖 10-1）包含十個圖形，當中有一個滿大的是代表她自己。代表她丈夫的那個圖形是畫在她上面。代表她孩子，女兒莫依拉和兒子立的圖形是放在代表她自己圖形的兩邊。她的母親和父親是放在她的下面，她的兄弟各一個在她父親母親的旁邊。她把婆婆和公公放在遠遠的角落。

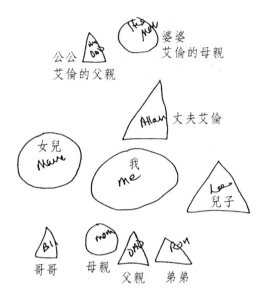

圖 10-1　琳達的第一個社交原子圖

　　艾倫所畫的第一個圖（圖 10-2）有比較多，共十四個圖形，整張圖中包含他的父母、三個兄弟和一個姊姊，還有琳達的父母，被稱為母親和父親，和他的兩個舅子（他太太的兄弟）。代表他兒子立的圖形放在代表他自己和他太太的圖形中間上面一點的地方。他女兒的圖形是在他的正上方。好些個圖形和他用來代表自己的圖形大小是相當的。代表他太太的那個圖形，很明顯地，比代表他自己的圖形還要大。

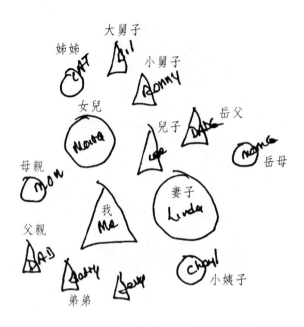

圖 10-2　艾倫的第一個社會原子圖

第二個社交原子圖的檢討

　　在治療過程約一半的時候，第二個社交原子圖就完成了（圖
10-3）。在這個圖中，琳達在她的原子圖中畫了八個圖形。她用
來代表艾倫的圖形在正下方，碰到代表她自己的圖形。孩子們被
放在她用來描述自己那個圖形的兩邊，她的父母則在孩子的下方。
代表治療師的圖形是在她母親的正上方。代表她一個朋友的圖形

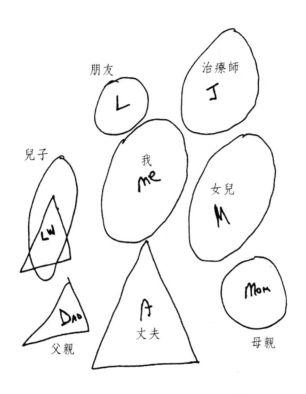

朋友

治療師

兒子

我

女兒

丈夫

父親

母親

圖 10-3　琳達的第二個社會原子圖

則被放在她自己的上面，滿接近的，而且大小明顯比較小。

　　艾倫完成的那個圖（圖 10-4），代表他對琳達的社交原子圖所包括的十五個圖形（沒有一個有接觸）的看法。孩子被放在上面一點，並且是在代表琳達的圖形的兩側。代表他自己的圖形也在她的上面。在他所畫的琳達的社交原子圖中，包含琳達兩個哥

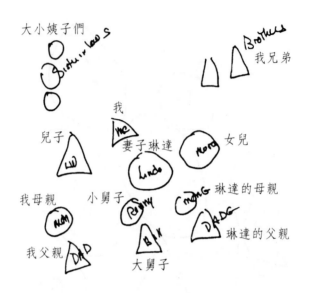

圖 10-4　艾倫認為的琳達的第二個社交原子圖

哥的圖形，和她的父母，也包含他艾倫自己父母的圖形，艾倫的
兄弟，以及兄弟們的太太。

　　艾倫所畫的代表他自己的第二個圖（圖 10-5）有十四個圖形，
他用來代表琳達的圖形比較大，然後在這個圖形的一邊，他畫一
個代表他自己的圖形。代表他孩子莫依拉和立的兩個圖形，都被
放在他自己和他太太圖形之間的上面。代表他父母的圖形是放在
這個圖表的左下方，代表他母親的圖形是在他父親的上方。代表
他哥哥的圖形，是跟他姊姊的在一起。代表他兩個大小舅子的圖
形是一樣大。而且是在圖表的比較上面的地方。

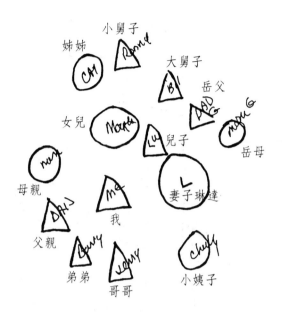

圖 10-5　艾倫的第二個社會原子圖

在他們治療快結束的時候，琳達所完成的這張圖，代表他對艾倫社交原子圖的看法，共包含七個圖形（圖 10-6）。孩子們被放在她的兩側，他們的兒子的圖形滿接近她。他舅舅（H）的圖形是在艾倫的上面，艾倫的父母都在下面，是在圖表的外圍。

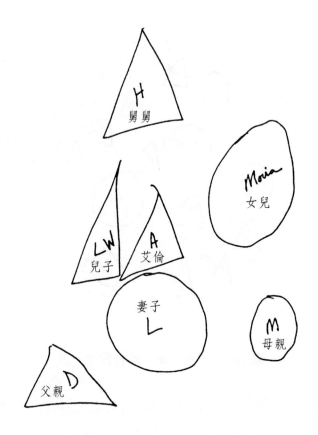

圖 10-6　琳達所認為的艾倫的第二個社交原子圖

第三個社交原子圖的檢討

琳達在治療快結束的時候，完成最後一個社交原子圖，包含

了十一個圖形（圖 10-7）。代表她自己的圖形是放在中間，代表
她丈夫艾倫的圖形是放在她的上面。孩子是放在琳達的兩側。代
表琳達父母和她公婆的圖形是在她的右邊面向她。代表她兩個兄
弟的圖形是在她的下方。在她的左邊沒有圖形。有一個朋友也被
包括在這個圖裏面。

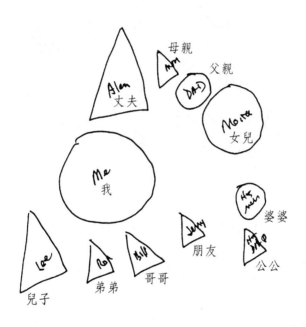

圖 10-7　琳達的第三個社會原子圖

在艾倫心目中，琳達的社交原子圖（圖 10-8）共包含十五個
圖形。代表他自己的圖形是在整個圖的中間，代表琳達的圖形是
在他的右邊面向他。在代表琳達的圖形下方是他的岳母，在代表

他自己的圖形下面是他的岳父。他把孩子都放在代表他自己圖形的左邊。他把代表他父母的圖形放在右邊，面向琳達。他還把琳達的三個朋友和她的兩個兄弟都放進這整個原子圖裏面。

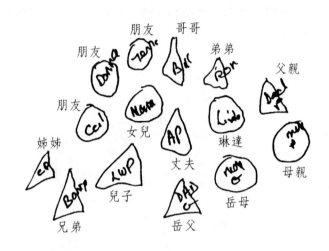

圖 10-8　艾倫所認為的琳達的第三個社交原子圖

　　在治療快結束時，艾倫所完成的最後一個社交原子圖包含十七個圖形（圖 10-9）。在代表他自己圖形的周圍，是代表他哥哥 B.P. 和 D.P. 和他的姊姊 C.P.，和他的小姨子和小舅子 T.G., G.P., C., R.G., 和 B.G.，代表他兩個小孩的圖形是在他自己圖形的另外一邊。琳達的圖形是在他兩個孩子的另外一邊。在整個社交原子圖裏面還包含其他的家庭成員，小姨子、姪子、姪女，和他的姻親們。

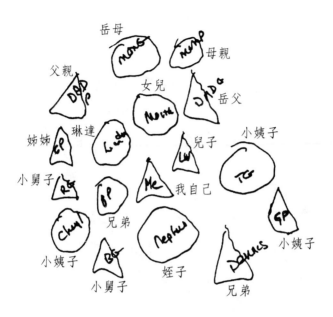

圖 10-9 艾倫的第三個社交原子圖

在琳達所畫的,她心中艾倫的社交原子圖(圖 10-10),她把她自己放在代表艾倫的圖形之上,孩子是在艾倫的兩側。代表艾倫父母的圖形是在右邊,面向她,而代表琳達父母的圖形是在左邊。代表艾倫兄弟的圖形是放在他的下面,代表他小舅子的兩個圖形、他的姊妹、也都包含在內。

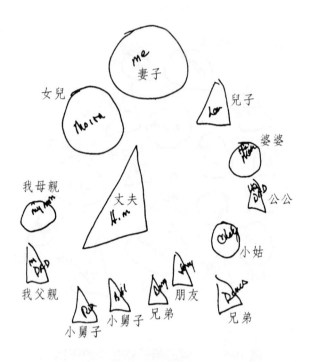

圖 10-10　琳達所認為的艾倫的第三個社交原子圖

社交測量的分析

　　我對治療過程中琳達和艾倫所完成的社交原子圖所做的社交測量分析，是探討圖形的數目、大小、遠近、性別、平衡，和關係，還包括沒有在上面的圖形，以及圖形所代表的角色。

第一個社交原子圖的分析：琳達

這對夫妻所完成的第一個社交原子圖，是用來評估他們的功能，如圖 10-1 和圖 10-2。在琳達的圖中包含九個圖形，數目平均，男女比例相當。全部都是家庭成員。從她整個圖看來，她對空間和大小的使用，也可以看出她和世界的關係以及她的風格特質都是有拓展、有接觸的。有關琳達自己的那個圖形意義的探討，她自己認同的困擾，和她與別人關係不知處於什麼地位這類的問題，都需要在治療中更多地加以了解和探索。

琳達顯然能夠完全地將自己和別人區分開來，沒有重疊的圖形；重疊的圖形通常是界限沒有區分的典型特質。她孩子的圖形和丈夫的圖形是一樣大。這些圖形一樣大小的意義，可能有幾個假設。是不是她的孩子和她的丈夫一樣重要？是否這些圖形的大小代表琳達在婚姻中所感受到的父母地位的份量？是否比較大的圖形代表她在這個家庭中感受到明顯可見的？所有這些圖形都和她的圖形有相等的距離，除了她的公婆，她公婆的圖形是很明顯的在遠遠的一邊。她到底和別人的關係有多近？

在治療過程中，這些完成的社交原子圖被再一次的提起，也都探討了這些問題。和這對夫妻探討這些原子，琳達也就對艾倫解釋，做為父母的角色對她是何等的重要，以及她渴望能夠給孩子滋潤，這是她不曾從她父母那邊得到的。她和艾倫就接著談到她小時候是如何的被疏忽，以及她強烈的希望不要再重複那個循環。在一次晤談中，琳達更進一步的解釋她覺得自己像比較看得

見的父母，也就是那種孩子永遠找得到的父母。艾倫沒有察覺到琳達將自己成為父母這個角色看得多麼重要，以及這個角色的過度負荷，和沒有被艾倫所支持。這些和其他的衝突都需要更多的探討和解決。

第一個社交原子圖的分析：艾倫

　　艾倫的第一個社交原子圖的圖形大小，除了琳達、莫依拉和立的比較大之外，其他的都一樣大。是否他目前的家庭比他的原生家庭還重要？在他的圖中，艾倫將兩個孩子放在最靠近他的地方。是否艾倫覺得他和孩子比跟太太還要親近？這個圖中滿擠的，可能艾倫覺得對別人有太多的責任而覺得很受不了。艾倫將他的兒子放在三角形的尖端，可能這樣的位置暗示兒子夾在琳達和他中間。也許艾倫覺得琳達很有權利，所以他選擇了比較大的圖形來代表她。在治療中，這些假設都提出來和艾倫討論，以得到更多的了解，同時也增加他的自我察覺。這也提供一個讓艾倫和琳達一起討論的機會和方法。

　　在夫妻治療的時候，已經完成的社交原子圖再一次被提出來討論，艾倫說，事實上，他現在的家庭對他比較重要，有的時候，他確實覺得跟他孩子比跟他太太還親。在治療過程中，有時候艾倫會抱怨琳達對他做為伴侶和父母的角色要求太多，而且把孩子放在他前面。這樣的抱怨就帶出艾倫、琳達，和他們的孩子之間的動力關係，而需要做更多的討論和改變。

　　在艾倫的第一個社交原子圖（圖 10-2），他的圖形都有點擠

在一起，很多圖形都非常靠近。這樣缺乏空隙是否意味著他覺得
對於別人的需要負太多的責任，而覺得受不了？他的組織模式，
似乎是壓迫在一起，而且對細節非常的在意。有好幾個圖形跟他
自己的圖形是大小一樣。這和他太太的社交原子圖是非常的不一
樣。其中一個例子，是琳達用比較大的圖形來代表她自己，而艾
倫的圖形大小大致一樣。每個伴侶都用非常不同的觀點來看這世
界。這如何影響到他們的人格？

🔍 第二個社交原子圖的分析：琳達

　　治療進行到一半的時候，就要求這對夫妻完成第二幅的社交
原子圖，透過每個伴侶的自我評量來解釋一下有沒有任何改變。
琳達的圖有八個圖形，都畫得滿靠近（圖 10-3）。是否她覺得和
別人比較接近了？她孩子和丈夫的圖形和她的圖形大小都比較相
當。是否她現在在她的生命中經歷到比較多的平衡？

　　在她的第二個社交原子圖，琳達選擇將自己和艾倫的圖形放
得比第一個社交原子圖還要靠近許多，事實上是碰觸在一起。她
用來代表自己的圖形也畫得比先前的還要清楚明顯。是否琳達比
在治療初期更能夠了解自我、掌握自我？這些想法都需要在治療
過程中加以探討。

　　她的兒子立的圖形大大地走樣，另外代表治療師的圖形，是
用J來代表，這兩個圖都有過分強調的現象，似乎在她的生命中，
她對這兩個關係的意義和重要性都有些困惑。在這第二個社交原
子圖，不僅包含了治療師，代表朋友的圖形也包括在內。為了更

多的了解，和幫助她有更多的自我察覺，就和琳達一起探討為什麼放了這兩個圖形。也和她談到第一個社交原子圖和第二個社交原子圖的不同，哪些圖形不見了？或者增加了哪些圖形？例如：她的公婆就不在第二個社交原子圖裏面，雖然他們曾經出現在第一個社交原子圖。

在三個月之後，當琳達看到第一個社交原子圖和第二個社交原子圖，並且問她是否注意到有什麼不同，就因此開始了一些討論。在琳達和艾倫完成第二個社交原子圖之後的追蹤晤談，就是讓這對夫妻來看他們第一個和第二個社交原子圖，並且要求他們分享他們從圖裏面看到的不同觀點。

社交原子圖中任何一個圖形，若是增加了一些記號或者是筆劃，往往是代表一個特殊的意義，雖然總是潛意識的。在這個時候，避免唐突地問琳達有關她兒子的問題是很重要的，例如：「立好嗎？妳跟妳兒子的關係怎麼樣？妳對他有沒有任何的掛慮？」一旦有關他們之間關係的問題探討過之後，我就會把問題轉向我自己，因為另外一個圖形也有一些多餘的線。此外，在畫完第二個社交原子圖之後的晤談，曾經要求琳達描述在她的社交原子圖畫上治療師的意義。她解釋當她開始更加察覺到她需要有我這個治療師，來教她怎麼樣更有效地跟她丈夫溝通時，她開始有一種依賴的感覺。察覺到這一點，我可以用比較輕快的、玩笑的語氣來回應琳達說：「我想妳並不容易來對著我談我們的關係，但是請自由自在的和我談，或者問我任何有關我們關係的任何事，」或者問每個伴侶，「在 1 到 10 的量尺上，10 代表非常好，1 代表非常糟，你認為我們的關係在哪裏？」像這類的問題，或者根據

治療師的風格和跟這對夫妻的關係，類似的問題都可以提供每個伴侶對他們的社交層面以及觀點有更多討論探索的機會。

第二個社交原子圖的分析：艾倫

當一個個案正在沮喪的時候，他畫別人的圖形，通常會比他自己的圖形還要大。艾倫一直不斷地說他受到沮喪、憂鬱的折磨。艾倫的第一個社交原子圖在小小的空間裏擠了一大堆圖形，在他第二個社交原子圖已經明顯地有改變（圖10-2和圖10-5）。現在只畫了五個圖形，而不是十二個。是否艾倫對自我覺得好多了？他是否相信夫妻治療是有幫助的？這些問題和下面其他類似的問題，都在治療過程中討論到。

問到艾倫，他是否認為他第二個社交原子圖形數目的減少有任何的意義。他表示在晤談中他覺得比較能夠自在地告訴琳達他所受到的壓力。他說琳達似乎不了解她的要求帶給人多大的壓力，但是他覺得晤談提供他一個安全的環境來對琳達表達出他的感覺。

在艾倫的第二個社交原子圖（圖10-5），他的圖形大小和遠近都比較相當。很明顯的需要在治療中來討論他和別人之間的距離。他孩子的圖形和他自己的圖形靠得最近。他是否覺得跟孩子比較親近？是否圖形大小一樣對他有某些意義？在治療的時候討論到這些問題，艾倫表示雖然他也希望能夠和琳達最親近，但是他確實和孩子比跟琳達還要親近。他還指出他覺得琳達的要求讓他很有壓力，所以盡可能的和她保持距離。艾倫也解釋他把每一個人看成一樣大小，因為他覺得對他而言，沒有一個人比另外一

個人更有特別的意義。他相信琳達很希望自己對艾倫而言是比較重要的，但是那不是他對這個世界的感覺。艾倫很明顯在第二個圖中比在第一個圖有更明確的自我概念。代表他自己的圖畫得很仔細，也比第一個圖（圖 10-2）更靠近他太太，表示他對自己有更多的了解，跟太太的關係也比較親近。此外，圖形也沒有畫得歪歪倒倒的，表示他經歷到更多的穩定。

🍃 第三個社交原子圖的分析：琳達

在琳達所完成的第三個社交原子圖（圖 10-7），她畫自己的圖形至少三倍大於其他的圖形。是否她開始覺得需要更考慮到她自己？是否她能更加察覺探索自己？這類的假設可以這樣問：「妳所畫的代表自己的圖形比較大。是否對妳有任何的意義？」

在這個圖中，沒有任何其他的圖形碰觸到她自己的圖形。是否她現在跟別人比較有距離？這是另外一個可以在治療過程中問的假設問題，可用來幫助琳達探討她的觀點，她如何在圖中和她的生命中使用空白或空間，這樣就能產生一些討論來帶出自我察覺和一些了解。例如，可以再一次看她的圖然後直接的問她：「琳達，看一看妳的圖。妳是否認為這個圖描繪出妳如何從妳的外在環境來看妳自己？」然後我可能會再加上，「當妳看這個圖的時候有什麼反應？」還可以再加上一個問題，例如：「在這個圖中，妳所畫的大小和距離，是否正確的描述出在這個世界妳給妳自己的空間和意義？」再加上，「妳了解到什麼？」接下來可以有一些討論，讓琳達和艾倫一起來看一看，他們在這個世界上他們對

自己的描述是如何的不同。

代表艾倫的圖形是放在琳達的正上方。這是否對他有任何的意義？這樣的位置是否代表琳達覺得艾倫在她的生命中增加了某些東西？這些額外的假設問題，都是在和琳達晤談的時候要討論到的。另外，她現在所畫的自己比第一個圖還更清楚，大小比例也更加地恰當。這似乎代表著更清楚明確的認同，以及她的自我價值有更多的進步。問她是否覺得各方面都更好。琳達表示她現在比較了解艾倫，針對艾倫面對琳達要求的反應，琳達覺得比較能夠控制她自己的情緒。她又說學到和艾倫互動的時候，要如何的控制她自己，使她對於她自己更加地有把握。琳達不知不覺就會用一種突兀的、面質的方式來跟艾倫說話。事實上，她並不知道她的問題是質疑型的；她只知道艾倫的反應顯得很受不了或者是挫折，而這很明顯的並不是她的目的。她又說，觀察到我這個治療師，如何在晤談的時候和他們互動，提供她不同的方法來和艾倫討論她的需要。

在上一個圖（圖 10-3）琳達對她兒子和治療師的強調，在第三個圖中都已經不見了。雖然，她的孩子圖形的大小依舊和她丈夫圖形的大小是一樣的。也依舊大大的強調丈夫和孩子在她生命中的重要性。可以常常看到一個人不去碰觸她童年的痛苦或創傷，而下意識的把個人對保護、關心，或意義的需求下意識的投射到孩子的身上。不管是壓抑或者從她的痛苦中解離，她把自己的感覺移轉到另外一個人身上，這就是「投射認同」。琳達在她自己和孩子，特別是她兒子，之間並沒有什麼區分。角色扮演可以幫助她進一步發展出界限所需要的區分。當她和她生命中的各種輔

角一起來演出各種角色，她的界限就會變得比較清楚明確。琳達有關界限方面的困難，可以從她和艾倫角色互換的動力過程清楚地看出來。有的時候在晤談當中，要求她扮演艾倫的角色，她會不知不覺轉變成扮演自己。這種現象讓我有個機會來指出怎麼回事，並且和她討論在很多情境中她都有這種現象，也就是讓她知道她的界限轉移時常是功能不良的。她跟別人聯繫的界限是很鬆散的，使得她有的時候會去認定別人的感受，把自己的狀況投射到別人身上。

　　琳達最後的一個社交原子圖可以看出功能明顯不同。比起以前的圖，那些代表別人的圖形都離她自己的圖形比較遠。在夫妻治療的過程中，往往會要求每個伴侶再畫一個社交原子圖來看看是否在他們的功能上有任何的改變。自從艾倫失業之後，琳達就顯得比較退縮。她的社交原子圖顯得比較疏離（那些輔角的圖形都比上一次離她的圖形還要遠）。對於琳達全心全意想著艾倫只顧讀書的假設，是她自己憂鬱沮喪的投射。琳達不想有那種被打敗和無力的感覺，也就毫無察覺地投射到她丈夫身上。琳達有點和別人共生共存的特質；她和艾倫之間的界限並不分明（當她在角色轉換的時候可以看得出來），所以艾倫的專顧自己，讓她覺得被遺棄，而且沒有辦法覺得完整，因為她相信她需要艾倫來使得她的世界完整。

　　難道是艾倫的失業、沮喪憂鬱，和專顧自己讓她覺得焦慮不安？琳達是否完全在經濟上依賴艾倫？如果這是真的，她是否覺得無助？她是否覺得能力不濟？這些都是未來晤談時可以討論的問題。

在之後的晤談，琳達表示她覺得非常無助。事實上她對於他們的經濟狀況感到十分的焦慮不安，對於未來該怎麼辦也覺得無法應付。因為她已經十年沒有工作了，想到必須重新進入職業市場和承擔一個有佣人的家，她就非常憂慮。這些問題需要更多的探討，每個伴侶可以提出他／她的觀點，一起來討論。

🍃 第三個社交原子圖的分析：艾倫

在艾倫所完成的第三個，也是最後一個社交原子圖（圖10-9），他的功能明顯的有所不同。一共有十七個圖形。跟他原先畫的兩個圖比較，代表他自己、琳達、他的兒子和女兒的圖形，都畫得歪歪抖抖的。圖整體的感覺比起以前所畫的社交原圖，顯得更加擁擠。他女兒和兒子的圖放的位置，將他和他太太分開，他太太的圖畫得比代表他自己的圖還要清楚還要大，艾倫現在對琳達是否比對自己還更清楚了解？是否他對琳達要求他扮演某種角色，仍舊感到壓力？是否艾倫覺得在這個世界上沒有得到支持？是否這是他的圖形為什麼畫得歪歪抖抖的原因？他孩子的圖形在他的某一邊，代表琳達的圖形是放在另外一邊──都和他有些距離。是否事實上，他覺得跟別人疏離而且退縮？

艾倫的這張圖沒有他的前兩張圖那麼明顯或清晰。另外，他圖形的大小也沒有比他太太和小孩的大。是否這意味著他對自我的看法和自我價值都滿低的？你可能記得在他畫第二跟第三個圖之間的那段時間，因為經濟蕭條，艾倫從有名的銀行副總裁的位置上被解僱。因為他沒有辦法找到類似的職位，他只好去一個薪

水低很多的顧問公司。很明顯的,這個改變動搖了艾倫對經濟的安全感和他的自尊。這種不穩定從他的圖中可以看出來。

在晤談中我們討論最後一個社交原子圖,我問艾倫有關他圖形的歪歪抖抖是否有任何的意義。他表示以前他曾經經歷過極大的沮喪,但是失業是更加的無法承受。他感到強烈的失落,他不知道如何來支持他的家庭。這個技巧提供這對夫妻一個機會更深地來探討艾倫的工作狀況,和他職業上的失落。

這些投射的圖,還提供一些資訊,有關每個伴侶怎麼去看別人。例如:每個伴侶是否都能夠和他／她的伴侶轉換角色,是否他們的圖都和他們伴侶的圖大致相似?這種需要去體會伴侶處境的角色轉換技巧,對伴侶是非常的有用,也讓伴侶能夠對對方表現出同理的能力。當艾倫和琳達完成這些社交原子圖,我發現每個伴侶投射的圖和他／她自己所畫的社交原子圖有點類似。每個投射原子圖所用的大小和空間,和他們伴侶的圖是不一樣的。沒有一個伴侶能夠成功的完成別人社交情況的投射圖,不管是在治療到一半或者治療結束的時候——他們沒有辦法正確的轉換角色。他們看待彼此明顯的不同,彼此面對這個世界所存有的幻覺和想像,都需要在治療過程中有更多的探討和澄清。

角色評估

AMP角色評估的順序是一個兩部分的診斷過程。也就是前冊和後冊,包括自我評估和投射評估,也就是每個伴侶對他／她伴

侶在關係中的角色評估。這會幫助每個伴侶對於他們在關係中角色的選擇，有更清楚的了解——也就是他們花最多時間的角色，那些在他們關係中突出的角色，他們所看重的角色，和每個伴侶在他們的關係中所視為重要的角色。

角色的選擇和關係中選擇的情形，都可以看出關係的組織和成分、關係的特質、互補性、衝突，和配偶關係中壓抑的部分。

當他們開始治療的時候，就會要求每個配偶做角色評估（表10-1）。要求每個配偶針對他們的關係列出他／她所認為突出的角色；也就是他們花最多時間的角色。然後要求他們將這些角色和等級列出，最突出的角色放在最下面，突出這個詞，指的是那些每個配偶花最多時間的角色。

另外，在要求他們列出關係中重要的角色，也就是他們最看重的角色。然後也是按著由多到少的列出他們重要性的等級。每個配偶所選擇的角色，就按著先後的次序列出來，數字1代表每個項目的第一個選擇，就像下面所顯示的。

表 10-1　角色分析表一

自我的觀點（琳達）		配偶的觀點（琳達）	
突出的	重要的	突出的	重要的
4-父母	4-朋友	6-病人	6-依賴者
3-妻子	3-情人	5-情人	5-孩子
2-病人	2-父母	4-朋友	4-父母
1-孩子	1-妻子	3-依賴者	3-朋友
		2-父母	2-情人
		1-妻子	1-妻子

自我的觀點（艾倫）		配偶的觀點（艾倫）	
突出的	重要的	突出的	重要的
4-丈夫	4-情人	4-丈夫	4-情人
3-支持者	3-父母	3-支持者	3-父母
2-父母	2-支持者	2-父母	2-支持者
1-醫生	1-丈夫	1-醫生	1-丈夫

＊重要的是指「但願、希望」扮演的角色

🌿 角色分析一：琳達

　　在她的角色分析表（表 10-1），琳達指出她非常看重父母這個角色，在「重要的」這一欄它列為 2；不過，在「突出的」那一欄它列為 4，意味著她花最少的時間在那個角色。她只花一點時間在太太的角色，所以在「突出的」部分列為 3。但是她最看重這個角色，在「重要的」那一欄它列為 1。

　　在這個角色評量中，她選擇孩子做為最突出的角色，也就是這個時候在他們的關係中最常使用的角色，但是在「重要的」這一欄，她沒有列出這個角色。雖然琳達認為自己花了很多的時間在病人角色，把它列為第 2「突出的」角色，她卻不認為那是她所看重的角色，所以在「重要的」角色那欄沒有列出來。

　　琳達是否想要更加獨立，被當成一個女人來對待，並且覺得像一個太太，但是卻缺乏技巧？她時常在他們的關係中覺得像一個小孩，這可以從她在角色評估中所列出的等級看出來。她是否想要改變這個角色？她是否想要嘗試別的角色和別種方式跟人相處？在治療過程中就是要來探討這些問題的答案。例如：在接下

來的晤談中，角色評估的問題是這樣對琳達提起的：「你將小孩角色列為你花最多時間的角色，特別是和艾倫的關係。但是你並沒有將它列為你認為重要的角色，這是否因為你想要將這個角色，從你和艾倫的關係中除去？你是否想要和艾倫一起探索、練習一些角色，找出你們兩個人都覺得享受或者是喜歡的其他角色？」

在接下來的晤談中，這些問題都有加以探討，當琳達看她的評估表，她同意她希望在她和艾倫的關係中能夠更像個女人，而不是像個小孩。她和艾倫分享那些感覺。艾倫回應的時候，表示琳達確實有女人的特質，而且他也欣賞琳達身上其他的女人特質。雖然這對夫妻指出他們想要在這一方面有更多的角色練習，但是有其他的需要，例如：必須優先考慮艾倫必須克服失業的恐懼和衝突。不過，他們可以把這個角色評估做為一個提醒，可以在未來對這些角色狀況有更多的探討。

在艾倫心目中的角色選擇的評估（表 10-2），他認為琳達會選擇妻子做為最突出的角色，其次是父母、依賴者、朋友、情人、和病人。

角色分析一：艾倫

在艾倫的第一個角色分析，他選擇丈夫做為最「重要的」，接著是支持者、父母，最後才是情人。他指出他花最少的時間在扮演丈夫的角色，所以在「突出的」角色被列為 4，但是注意，他卻最看重這個角色，在「重要的」那一欄列為 1。艾倫是否享受丈夫的角色？他是否願意探索這個角色的其他特質，是他和琳

達可以享受的？

艾倫選擇醫生做為最「突出的」角色，也就是他在關係中花最多時間的角色，其次是父母、支持者，和丈夫。他表示他把大部分的時間都用在扮演醫生的角色；不過，那不是他看重的角色。艾倫是否真的不想要這個角色，但是覺得琳達需他的幫助？如同前面已經提過，琳達在青春期就開始有糖尿病，而且忽略她的病情，她的父母也一樣。當艾倫遇到她，他關心琳達的健康，也開始負責穩定琳達的糖尿病。艾倫承擔起每天幫助琳達注射胰島素和檢查她血糖高低的責任。艾倫是否認定自己是琳達醫生的責任，已經讓他筋疲力竭進而影響到他們的關係？是否這樣的重擔和衝突加重了琳達糖尿病的昏迷狀況，和她對於艾倫的依賴？這些問題都需要在治療過程中加以探討，這樣夫妻才能夠探索他們角色的各種選擇。

表 10-2　角色分析表二

自我的觀點（琳達）		配偶的觀點（琳達）	
突出的	重要的	突出的	重要的
6-妻子	5-同伴	6-病人	6-依賴者
5-母親	4-情人	5-情人	5-孩子
4-醫生	3-配偶	4-朋友	4-父母
3-同伴	2-朋友	3-依賴者	3-朋友
2-配偶	1-妻子	2-父母	2-情人
1-朋友		1-妻子	1-妻子

自我的觀點（艾倫）		配偶的觀點（艾倫）	
突出的	重要的	突出的	重要的
6-父母親	6-孩子	4-丈夫	5-陪伴者
5-情人	5-父母	3-朋友	4-情人
4-朋友	4-支持者	2-陪伴者	3-伴侶
3-醫生	3-朋友	1-伴侶	2-朋友
2-丈夫	2-情人		1-丈夫
1-支持者	1-丈夫		

＊重要的是指「但願、希望」扮演的角色

角色分析二：琳達

　　在第二個角色評估（表 10-2），琳達選擇朋友的角色是她花最多時間的，其次是父母、同伴、醫生、母親，和妻子。在她認為比較重要的角色，她選擇先妻子，其次是朋友、伴侶、情人，和同伴。雖然她認為妻子是她最看重的角色，卻是她花最少時間的角色。

　　琳達心目中艾倫最看重的角色是丈夫，其次是朋友、伴侶、情人，和同伴。她認為艾倫會選擇伴侶做為他們關係中最突出和最常被用到的角色，其次是同伴、朋友，和丈夫。

角色分析二：艾倫

　　在表 10-2，艾倫指出他認為琳達選擇妻子做為他們關係中「最

重要」和最看重的角色，其次是情人、朋友、父母、孩子，和依賴者。另外，他也認定琳達選擇妻子做為最「突出的」角色，其次是父母、依賴者、朋友、情人，和病人。

他為自己選擇丈夫做為他「最重要」和最看重的角色，其次是情人、朋友、支持者、父母，和小孩。雖然艾倫認為在他的婚姻中，情人是第二看重的角色，他表示事實上他沒有花什麼時間在這個角色上。他選擇支持者做為「最突出」和最常使用的角色，其次是丈夫、醫生、朋友、情人，和父母。

非常有趣的，朋友和同伴的角色進入這個評估（表 10-2）的角色結構，雖然它們在早先的評估中並沒有被選為角色。

從先前這對夫妻婚姻的角色評估中，我們可以看到他們所經歷的衝突和挑戰。在這個伴侶關係中，每一配偶的層次、親密的程度和需要都是相當的不同。琳達希望艾倫是她的朋友，但艾倫卻沒有相對的看法，因為他為琳達選擇妻子這個比較傳統的角色。他們模式的不同可以從他們選擇的不同看出來。艾倫比琳達更試著扮演他的角色，這可以從他們模式、衣著，和角色選擇的不同看出來。這種互補角色的缺乏，需要在治療過程中去討論，配偶雙方才能夠察覺到他們的差異，並且進而改變或接納。

在討論中，艾倫明確地告訴琳達，他不希望當琳達的朋友，而琳達對他所說的話，也能夠表達出被拒絕的感覺。為了更加澄清這個互動，我先藉著替身扮演出艾倫對比較傳統模式婚姻的渴望，然後藉著替身扮演出琳達對於比較親密關係的渴望。他們在他們角色上所經驗到的差異，就進一步地確定、澄清，和再確定。

角色評估的檢討

　　每個人的人格是他／她角色的組合，而這個角色衝突，角色
壓抑，或者渴望一個新的角色，都會影響到夫妻的人際關係，所
以才在夫妻治療中要求每個配偶完成角色的評估，也就是他們所
扮演的，花最多時間的，和他們彼此關係中的角色。也要求這對
夫妻在他們關係中去列出他們最看重的角色。比較他們最看重的
角色和那些他們花最多時間的角色，就能夠看出衝突在哪裏，以
及哪些角色的轉變需要去探討。例如：艾倫和琳達需要學習他們
雙方如何形成醫生／病人的關係，而艾倫需要學習如何除去那個
角色。

　　在表 10-1 艾倫所感受到的醫生角色對他而言是一個重擔。琳
達持續的有糖尿病的昏迷，以及她依賴艾倫來幫助她注射胰島素，
和心理上的滋潤，都是她不曾從她父母那裏得到的，這些壓在艾
倫身上的角色，讓他覺得非常的疲累。艾倫被期望要注意琳達的
飲食，但是琳達卻想要獨立，並且被當成一個女人而不是一個有
病的小孩。但是這卻是她所選擇的角色，這也是艾倫所回應的角
色。需要透過角色練習來幫助他們在比較成熟和愉快的角色選擇
中得到滿足。所以就花了幾次晤談時間來探討在他們的關係中早
期他們所認定的醫生／病人的角色。透過替身來表達出每個配偶
的感覺和想法的這種過程就持續下去，同時來探討不同模式的相
處和互補角色選擇。

演出派
夫妻治療

　　在治療的初期，以及第一個角色評估表，這對夫妻都強調醫生／病人的角色，在第二個表（看表 10-2）卻不太明顯了。在艾倫的心目中，琳達的病人角色就變成第六位。琳達現在可以自己注射胰島素和照顧飲食，也相當成熟到可以將孩子的角色從她自己的表中除去。

　　被列為第一或第二突出的任何角色，卻往往是最不被看重的角色，都有筋疲力盡的現象。時間減去對它的看重就等於筋疲力竭。例如：艾倫並沒有將醫生的角色列入在他的關係中他所看重的角色。所以，做為一個治療師，我想到一個假設來和個案察對一下。在這個情況中，艾倫提到他扮演醫生的角色感到筋疲力盡，筋疲力盡意味著他不再有精力和動機來扮演那個角色。若把這個放在心上，就必須直接努力來改變那個角色模式，而且是愈快愈好，以消除這個關係中的壓力。

　　配偶雙方都表示他們所最看重的角色，卻不是他們花最多時間的角色。他們最後的評估表，可以看出他們彼此仍然沒有選擇相同的角色，甚至也沒有察覺他們配偶的角色已經是無法承受了。要每個配偶去列出他／她心目中對方角色的選擇，這樣的過程是要看他們是否能轉換角色。這個過程偶爾也會重複，角色評估也一樣，目的是要看看配偶任何一方穿上別人鞋子感同身受的能力是否有所進步。

　　琳達對於艾倫角色的評估，可以看出她毫不察覺艾倫努力扮演支持者和父母角色的重要。艾倫把這個角色列為第一，也就是他花最多時間的角色。在琳達心目中列出艾倫會選擇的突出角色是伴侶和同伴，但是艾倫從來沒有這樣子看他自己。

　　雖然琳達的角色比艾倫少，但是琳達所選擇的角色對婚姻關係比較有互補性，例如：妻子、朋友、伴侶、情人，和同伴的角色。因此琳達在他們的關係中就比較少感到壓力或對角色感到筋疲力盡。艾倫在關係中所扮演的那些角色，沒有辦法像琳達所想要的那麼親密。支持者、丈夫，和醫生的角色被列他們關係中三個最重要的角色，都帶著很重的責任感，而且都屬於照顧別人的類別。其中還包括那個不被艾倫所認同或看重的醫生的角色。相對的，琳達所列出的突出角色，卻包含了那些也被她看重的角色。在這兩個表中，角色的次序和重要性都不一樣，可以看出琳達努力要尋求平衡；不過，她並沒有經歷到艾倫那種要扮演他所不看重的角色所產生的壓力。

　　琳達和艾倫繼續在角色互換上有困難。他們相信他們的配偶所經歷的那些角色，其實並不正確。可以從他們的表中看出，琳達和艾倫都以為他們的配偶在關係中和他們經歷到一樣的角色。從這裏就可以看出他們彼此對轉換角色會有困難，他們沒有能力去穿進對方的鞋子來感同身受並且體會對方的感覺。琳達和艾倫需要學習在他們的關係中如何花更多的時間在他們所看重的角色上。他們花了很多時間在他們並不認為重要的角色。角色學習是有必要的。

第十一章

治療有幫助嗎？

演出派
夫妻治療

使用 AMP 和它的工具及技巧，也就是角色互換、像鏡子一樣反應、和替身等，提供了一些新方法幫助夫妻從他們不斷的爭吵中解放出來。

在前面幾章所看到的這對夫妻，艾倫和琳達，確實有進步，在治療的過程中，他們從他們婚姻關係的多重角色中，除去衝突最大的醫生／病人的角色。不過，例如艾倫在「但願」的角色類別中，選擇女性的伴侶做為知己，而琳達希望艾倫是她的同伴，在他們的關係中就產生了衝突。琳達希望艾倫分享她所參與的活動，而艾倫仍舊希望她找別人，這就使得琳達覺得被拒絕。

艾倫選擇琳達做為可以討論和分享秘密的人，也是他可以得到支持的人。艾倫希望琳達能夠了解他的感覺，而琳達卻介意他去找同事尋求支持。在這些方面，雖然沒有像醫生／病人角色產生那麼多的角色衝突，但仍然需要更多的探討和協調。

艾倫對於丟了工作沒有辦法調適因應，以及接下來在社區中他覺得能力不濟的感覺，如果不是來做治療，一定會變得更嚴重。雖然我希望夫妻治療能夠提供他一些比較有效的調適方法，但他仍舊有很大的失落感。而來自他自己受虐背景所產生的各種心結，也許是他最難以承受的。琳達和艾倫強烈的需要別人的肯定和認同，以至於他們發現他們自己沒有辦法為他們自己的看法和行為負起責任。他們盲目的行動，也和他們內心中許多的部分疏離。當他們不想擁有那些他們不能接受的角色和態度時，就把它投射到他們配偶身上，也就是所有功能不良婚姻的典型現象。參與一個有果效的婚姻治療，這對夫妻需要產生一種信任——對於治療過程的信任、信任我來作他們的治療師、信任他們自己，以及願

意去體會並經驗開放自我之後的脆弱。他們很早就對我產生信任；不過，因為他們相互疏離的關係，對於他們自己的信任，和他們彼此之間的信任就顯得比較困難。

　　艾倫對別人，特別是他太太，怎麼看他沒有一點概念。他也對他和別人互動時的那些其他角色是怎麼形成的，一點都不了解。他觀看並體會錄影帶上的治療過程讓他有點震驚，因為他完全不知道他對別人的影響。觀看錄影帶中的婚姻協談對他而言，好像是看一部有關別人的電影。琳達也發現在錄影帶上看自己，是非常地困難。她說雖然艾倫就是那個樣子，她並不喜歡看到她自己。她沒有辦法明白她怎麼會像那樣，又怎麼會做那些事的。這樣子的盲點，和他們自己不願意接受的部分，就清楚地呈現在他們面前；他們對他們自己和他們的關係的那種疏離就受到挑戰。雖然一開始，他們就能夠信任治療的過程和我的技巧，但現在他們才開始信任他們自己，並且拓展他們觀察到的自我角色。這樣的自我面質對他們後來的行為有長遠的影響。我鼓勵他們自己在家裏看錄影帶檢討，在他們想要改變的地方停下來，角色扮演那些改變，包含替身和角色互換，然後下個禮拜再來討論他們的成功。他們開始一起努力，使用錄影帶中的互動和 AMP 的工具來幫助他們。

　　琳達和艾倫開始了解到他們的婚姻並不是渾然天成的。他們了解到既然他們以前對自己的了解並不正確也不完全，他們所選擇的伴侶也就不一定是最合適、最好的。他們之間的吸引力（兩人之間的化學作用）是殘缺的，當然也就不會自然而然地產生親密感。最初他們如果沒有我的協助，都沒有辦法正確地當別人的

替身（說出彼此的內在思想和感覺）。他們開始了解到從他們和他們父母關係中或者是來自他們父母關係中的許多鬼魂，都已經侵入他們自己的關係，而且是他們家永遠的客人，即使不受歡迎。他們也開始察覺如果他們想要他們的關係成功，他們就必須努力來改變他們所認定的那些角色模式。他們所學到的是，透過替身來表達和角色互換的演出方法，幫助他們來溝通。艾倫和琳達也變得能夠去評估什麼是破壞性的溝通模式，然後會停下來，再試著透過當彼此的替身來表達。他們也知道要「挪出時間」來檢討他們自己的行為。艾倫和琳達同意：雖然他們需要不斷地努力來穩定他們的關係，他們還是願意這麼做。從克服困難所得到的成就感，似乎給他們繼續努力下去所需要的滿足感。他們發現他們從婚姻治療中所學習到的 AMP 技巧，也提供他們共同的方法，在有必要的時候來當彼此的父母。漸漸地，他們就能在彼此的關係中認定合適的角色模式。這對夫妻比大多數的夫妻有更多的困難，是因為他們彼此所造成的極端疏離；不過，他們都願意改進，願意為他們的關係而努力，這就增強了他們改進婚姻關係的能力。

如果艾倫在失業的那段時間有接受個別的心理治療，就會得到比較多的幫助，可惜這個建議被拒絕。在這次的危機中，如果他們沒有來接受治療，琳達是否能了解到艾倫的感覺，或者知道如何去回應艾倫的需要？也許不然。夫妻治療提供艾倫一個機會在安全的情境下來討論他的失落和找工作的壓力。琳達在晤談過程中就在那裏聽艾倫的掙扎，因此有比較多的了解和同理心。當她開始能夠和她的丈夫互換角色時，她開始有同理心。艾倫也學到如何將他的掙扎表達出來，而不是一味的退縮、逃避。如果他

們沒有來接受治療的話，這個危機可能會對他們的婚姻有更大、更深的影響。

　　角色評估是有用的，因為這讓他們看見每個角色的壓力源，和配偶彼此想要做的改變。這也讓他們更清楚地看見配偶雙方在他們的關係中，所選擇的互補角色、他們的角色衝突、和那些他們需要重新再協調的角色選擇，以及鼓勵他們練習的新角色。

他們感覺怎麼樣？

　　在他們最後一次有錄影的晤談，琳達和艾倫都表示他們覺得這一次的治療對他們是有幫助的。艾倫發現他們現在比來治療之前少爭吵。他又說他現在比較能自在地替自己說話。另外，他們也開始解決他們自己的一些差異。他覺得他不需去等待下一次的治療晤談來解決衝突。

　　琳達也發現他們的關係有進步。她說她現在能夠告訴艾倫她的感覺，可以不用叫喊的，也不會因此難過。她看過我在晤談過程中如何來跟她的配偶說話，這讓她知道要怎麼說和如何說。她現在的做法變得比較不是戰鬥性的，而是比較自我肯定。這對她而言，這是一個全新的世界。

　　使用 AMP 的獨白技巧，讓我能夠去了解琳達，也幫助我更有治療性的鼓勵她拓展自我察覺和人際技巧。做為一個治療師，我強烈的察覺到艾倫失去銀行副總裁這個工作所產生的失落，以及不斷增加的沮喪，因此我在幫助他的時候格外的小心。有時候，

我對他失落的反移情反應，使我不能更多的傳達他的想法和感覺。我對他把憤怒壓抑下來的擔心，使我不能鼓勵他更加的伸展自己，和改進他的做法。我避開不去碰觸他的憤怒，也就因此沒有辦法幫助琳達表達出面對艾倫的憤怒，他所感受到的感覺或想法。不過在晤談中，他也有一些明顯可見的情感發洩，因此，也就相當程度的有改進。是否琳達的內心改變得比艾倫多？只有時間才能告訴我們。而且，因為琳達在治療階段並沒有經歷到像失業這樣的情感危機，她並不是像艾倫一樣處在哀傷中，所以她可以全心全意的來改進她的人際技巧。

替身技巧的評估

演出派的心理治療在和夫妻晤談的時候使用透過替身來表達的方式，非常的有用，可以幫助配偶雙方擴展溝通的能力。在晤談過程中使用，可以增進每個配偶將自己的感覺和想法具體化，並且更清楚更了解的能力，以幫助他們彼此更能夠心靈相繫。這個方式也幫助每個伴侶增進傾聽的技巧。因為任何一個配偶所說的話，治療師都加以澄清解釋和說明，每個配偶就能夠因此了解和同理對方的立場。當配偶雙方觀察我如何當他們伴侶的替身，他們也就等於接受了角色練習。這樣不僅能對他們示範出確定別人感覺的重要性，將別人所溝通的加以摘要也是很重要。

例如：當艾倫失業並面臨生涯危機之後，在好幾次的晤談中，他都顯得退縮。透過替身來說出他的無力感和失落，幫助他了解

並觸摸到他心靈深處真實的感覺，以及他如何的難以承受。一旦具體化了，這些想法和感覺就不再只是藏在內心深處，他因此能夠進一步的和他的配偶分享和說明解釋他所經歷的和感受的。在這樣幫助他之前，他是把一切都深藏心裏的；他是自己戀慕自己，沒有辦法有人際溝通的。曾經有好幾個禮拜在晤談的時候，艾倫告訴琳達他必須一直等，等到他們能夠在晤談的時候談有關工作的情形，因為他覺得沒有辦法對她說出他的感覺和想法。在工作危機之後，持續有治療晤談，艾倫重建他自己，也開始能夠在晤談以外的時間，和他的配偶來溝通討論事情。結果，這對夫妻的關係就變得比較平衡。

外在的影響

　　在治療夫妻的時候，事實上是任何一種治療，有一點很重要，那就是要記得在廣闊的外在世界所發生的事情會影響到治療的過程。如果他們沒有來接受治療，對於失業的調適，社區中角色的地位，都可能變得更加的嚴重。失業對艾倫而言是非常地難堪和痛苦，我認為他是需要有個別的心理治療，但這個建議被他拒絕了。在很多方面，因為失業而產生的問題和需要，是不適合透過夫妻治療來處理的。

其他的影響力

很明顯的，在治療晤談中所發生的事情，也會影響到各種表現。例如：在他們治療快結束的時候，我面質這對夫妻，告訴他們我的觀點說：在過去的幾個月，他們要我為他們的關係負起責任，而他們在晤談之外，並沒有努力來改進他們的婚姻。雖然這是我仔細考慮過的策略，但這樣的方式有可能在他們的夫妻功能上造成強烈的衝擊。

追蹤（1995）

在這對夫妻做完夫妻治療三年之後，我做了一個追蹤了解。那時候已經經歷過許多的變化。艾倫在一家財務公司當顧問。他工作的時間很長，賺的錢沒有以前多，但是他發現工作比以前愉快。他也服用抗憂鬱劑。問到是否有效，他說：「哦，大概是吧。我就是做我應該做的。」

琳達找了一份工作，很高興能夠出門和人有接觸。他們的孩子都有過短期的輔導。當問到他們是否覺得 AMP 提供他們一些技巧來幫助他們的關係，配偶雙方都表示確實有幫助。他們還說這是他們需要繼續加強練習的，而且要時常提醒，因為有的時候他們就會拖延。

演出派
夫妻治療

艾倫建議，如果六個月就有一個追蹤的晤談，會是有幫助的。當我邀請他們再來晤談一次，複習一下，配偶雙方都表示同意。他們希望在不久的將來能夠再來，並且說他們沒有打電話來預約的唯一理由是經濟問題。自從艾倫沒有辦法在銀行工作，他們的經濟狀況就有了很大的改變。他們現在必須以非常有限的收入來過日子。對於他們經濟狀況的改變，他們顯得有些不好意思，雖然他們還是同意在不久的未來會考慮來預約，有個後續的探討。電話追蹤的接觸將會保持下去。

結論

總結對於艾倫和琳達關係的討論，他們的夫妻關係在治療過程中顯然是有進步。他們的關係也變得比較平衡。他們溝通和同理彼此的能力也確實有進步。艾倫比較能夠說出自己的困難和軟弱，也比較不害怕要求或給予琳達安慰和保證。在過去，艾倫沒有將他在關係中所感受的的挫折對琳達表示，他反而將他的挫折透過婚外情的關係表現出來。現在針對琳達的要求，艾倫可以探討並表達出心力不濟和衝突的感覺。而琳達，在治療過程，了解和同理她配偶想法和感覺的能力也增加很多。她開始了解當艾倫不同意她的觀點時，他並不是拒絕她。

演出派的心理治療是一個幫助夫妻很有用的工具。AMP用透過替身和類似替身的方法來幫助每個配偶表達，就幫助個人和伴侶拓展和加深他們對感覺的自我察覺和表達。透過替身來表達確

實幫助每個伴侶發展出對他們配偶的同理心。在特別的時候用類似鏡子的反應方式，例如當其中一個配偶問到別人是如何看他／她，就滿有效的。了解到他們的伴侶怎麼看我們的行為，確實能幫助每個配偶重新定義和調適他們的行為，讓他們的行為和他們個人心中的需要和動機是相符合的。

　　角色轉換的練習，確實幫助夫妻雙方澄清他們伴侶的觀點。穿上他們伴侶的鞋子，也幫助他們對他們的伴侶有同理心。使用錄影帶來錄下夫妻用 AMP 的方法（鏡子技巧）的治療過程是很有幫助的。當一對夫妻開始問他們怎麼看對方，就適合使用這個步驟。不過，什麼時候以及如何來對這對夫妻介紹，有關用錄影帶重新來看晤談的過程，始終是值得探討的——時機是個關鍵。

　　AMP角色評估的方法是一個有用的工具。它提供具體的、可觀察的方法來確定夫妻的角色衝突。這個方法對於使用其他種心理治療學派的治療師也是很有幫助的。

　　在世紀之初，由 J. L. Moreno 所介紹並發展出來的心理劇和社交測量，它們所包含的特質，再加以發展成AMP的治療要素，是幫助夫妻的一個充滿活力的治療方法。

尾聲

治療師帶領著心靈之旅。
建立治療師—個案的心靈相繫
是踏出的第一步。

與嚮導,而不是一個什麼都知道的人一同前行
是從社會化的權威中釋放,而變成兄弟或姊妹之情的自發性關係

治療師帶領著心靈之旅。
相信有一個宇宙合一性,
是超越一切的震動,讓人釋放。
分裂的覺察——將已斷裂的重建。
出生的連結——再造合一的源頭。
存在之神。我—神關係的創造。

治療師帶領著心靈之旅。
要求開放以導致改變,開放就是放棄掌控。
也許從溫柔的開始直到開放成為
一個令人興奮、有價值、值得珍惜的機會。
把生命看成是一持續的開放與覺醒,

而不是死亡之旅——結束。

治療師帶領著心靈之旅。
心靈之旅是一個不斷重生的過程。
生命是一種開展。

靈魂一直重生直到它能不斷擴展
並從身體轉移到與宇宙合一
靈瑰——在這個行動中被認為是死亡。

附錄一

良好夫妻關係的特質

*1.*明白你愛的關係有一個隱藏的目的：醫治兒童時期的創傷。

*2.*建立你伴侶更正確的形象。

*3.*負起向伴侶表達需要和渴望的責任。

*4.*學習非常重視你伴侶的需要和願望，如同重視你自己的需要和願望一樣。

*5.*接受你個性上的陰暗面。

*6.*學習新技巧，以滿足你基本的需要和渴望。

*7.*向內心去尋找所缺乏的能力和才幹。

*8.*更察覺你想要被愛、與人聯合、完整並和宇宙合一的渴望。

*9.*要接納經營一個好婚姻的困難。

*10.*閱讀 Hendrix 寫的《得到你所想要的那種愛》（Getting the Love You Want, 1988）。

附錄二

夫妻同時進行治療的 AMP 問卷

AMP 第一部分

請在下列句子中指出你的狀況

1=總是

2=大部分的時候

3=有時

4=偶爾

5=很少

6=從未

1. 我們的溝通清楚良好。

2. 我們的性關係很滿足。

3. 我們情感的回應很滿足。

4. 我們會有效率地處理衝突。

5. 我們會分擔家事。

6. 未來的品質滿有保證。

7. 我們會有效率的管理金錢。

8. 我對我們的關係承諾。

9. 我的伴侶對我們的關係承諾。

10. 我們彼此支持對方的生涯計畫（職業）。

11. 我們知道如何有效率地做決定。

12. 我能察覺我伴侶的動向，而且我據理力爭。

13. 我的伴侶用暴力來威脅我。

14. 我用離婚或分居來威脅他／她。

15. 你虐待過你的伴侶嗎？

16. 你的配偶虐待過你嗎？

17. 我和我伴侶家親戚的關係良好。

18. 我伴侶和我家親戚的關係良好。

AMP 第二部分

列出你希望看到你伴侶改變的三種角色：

列出你認為你的伴侶會想看到你改變的三種角色：

列出會和你伴侶爆發衝突的三種事件或情況：

列出你認為需要和你伴侶討論的三個題目：

列出你認為你伴侶認為需要討論的三個題目：

說出你們關係中面臨的挑戰：

AMP 第三部分

下面的題目，依照 1 到 5 的等級（1 為最高），列出兩份清單。在第一份單子上，排出你對你們兩人關係的目標次序。在第二份單子上，排出你認為你伴侶在你們關係上的目標次序。

1. 增進令人滿意的關係
2. 增進不太滿意的關係
3. 決定要不要繼續這個關係
4. 解決衝突的感受，好使關係和平結束

指出過去重要的關係：

多少個關係？

開始的年紀：	關係 2	關係 3
終止的年紀：	關係 2	關係 3
終止的理由：	關係 2	關係 3

每個關係中的子女數：

目前的關係較諸其他關係如何？

演出派
夫妻治療

（依等級描述，1 為最滿意）

有什麼其他相關資料需要考慮的：

附錄三

AMP 用以增進夫妻感情的活動

　　AMP可用以增進夫妻感情的活動，是一種用來加強夫妻親密感的技巧。它是一種溝通技巧，透過引導式的想像活動來收集資料，使他們因著童年的創傷，而成為彼此更加了解的夫妻。

　　要求夫妻閉上眼睛，聽一段輕柔和緩的音樂，並試圖回憶他們早年孩童時期的環境。當影像更加清晰時，他們會看到自己變成了幼童，在家中走來走去尋找爸爸或是媽媽。然後治療師告訴他們說，現在，突然之間，他們被賦予魔力，能清楚地看到父母之一正面和負面的特點。治療師要他們想像，他們去告訴爸爸或是媽媽，他們一直想要從他（她）獲得，卻未曾得到的東西。然後，再走去找其他在他們成長過程對他們影響極深的人。從這些關鍵人物收集到所有的資料之後，他們慢慢地被帶回到現實，再花時間思考、寫下他們得到的關鍵性資料。等這些事做完，夫妻倆就來分享他們所得到的東西，並且認真地彼此傾聽，不去論斷或分析對方所說的話。這種方法在第三章有更清楚地說明。

參考文獻

Abrams, J. C., and Kaslow, F. W. (1976). Learning disabilities and family dynamics. *Journal of Clinical Child Psychology* 5:35-40.

Ackerman, N. W (1958). *The Psychodynamics of Family Life.* New York: Basic Books.

------- (1966a). *Treating the Troubled Family.* New York: Basic Books.

------- (1966b). Family psychotherapy: Theory and practice. *American Journal of Psychiatry* 20:405-414.

------- (1970). *Family Therapy in Transition.* Boston: Basic Books.

------- (1982). The family approach to marital disorders in the strength of family therapy. In *Selected Papers by Ackerman,* ed. D. Bloch and R. Simon. New York: Brunner/Mazel.

Adler, G. (1948). *Studies in Analytical Psychology.* New York: Norton.

------- (1953). The relationship of mental status to incidence and recovery from mental illness. *Social Forces* 32:185-194.

------- (1958). Social role and personality. In *The Psychodynamics of Family Life,* p. 235. New York: Basic Books.

------- (1961). *The Living Symbol.* London: Rutledge & Kegan Paul.

------- (1964). Superiority and social intention. *In Social Intention,* ed. H. L. Ansbacher and R. Ansbacher. Boston, MA: Northeastern

University Press.

------- (1966a). The psychology of power. *Journal of Individual Psychology* 22:166-188.

------- (1966b). *Treating the Troubled Family.* New York: Basic Books.

------- (1980). *What Life Should Mean to You.* London: George Allen American Publishing.

------- (1983). *The Practice And Theory of Individual Psychology.* Allendale: Rowan and Allenheld.

Alexander, F. (1968). *An empirical study on the differentiated influence of self concepts of the professional behavior of marriage counselors.* Unpublished dissertation, University of Southern California.

Alice, A. (1960). *Healthy and Disturbed Reasons For Having An Extramarital Affair.* New York: Grune & Stratton.

Allon, S. E. (1978). *Exploration of The Social Atom.* Unpublished manuscript.

Allport, G. (1959). Discussion of the first lecture. Transference, counter-transference and tele. Their relation to group research and group psychotherapy. In *Psychodrama* Vol. 2, ed. J. L. Moreno, p. 314. New York: Beacon Press.

Arzin, N., Naster, B., and Jones, R. (1973). Reciprocity in counseling: A rapid learning based procedure for marital counseling. *Journal of Behavior Research and Therapy* 6:365-382.

Atwater, L. (1979). Getting involved in women's transition to first extramarital sex. *Alternative Life Styles* 2:41-68.

------- (1982). *The Extramarital Connection.* New York: Irvington Press.

Bates, C. N., and Brodsky, A. M. (1988). *Sex in the Therapy Hour: A Case of Professional Incest.* New York: Guilford.

Bateson, G. (1979). *Mind and Nature: A Necessary Unity.* New York: Bantam.

Berger, M. (1978). *Video Techniques In Psychodrama Training and Treatment.* New York: Brunner/Mazel.

Bion, W R. (1959). *Second Thoughts.* New York: Basic Books.

Bohannon, P (1970). *Divorce and After.* Garden City, NY: Doubleday.

Boszormenyi-Nagy, I., and Framo, J. (1967). *Intensive Family Therapy.* New York: Harper and Row.

Boszormenyi-Nagy, I., and Spark, G. M. (1973). *Invisible Loyalties.* New York: Harper and Row.

Bowen, O. H. (1954). *An investigation of the therapeutic relationship in client-oriented therapy.* Unpublished doctoral dissertation. Chicago: University of Chicago.

------- (1971-1972). Toward the differentiation of self in one's family of origin. In *Georgetown Family Symposium.* Washington, DC: Georgetown University Medical Center.

------- (1976). Theory in practice of psychiatry. In P. Guerin (ed.), *Family Therapy.* New York: Gardner.

------- (1978). *Family Therapy In Clinical Practice.* Northvale, NJ: Jason Aronson.

Bowlby, J. (1973). Attachment and loss. In *Separation, Anxiety and Anger,* Vol. 2. pp. 9-52. New York: Basic Books.

Brown, E. M. (1991). *Patterns of Infidelity and Their Treatment.* New York: Brunner/Mazel.

Buchanan, D. (1980). The central concern model: a framework for structuring. *Journal of Group Psychotherapy, Psychodrama and Sociometry* 33:47-62.

Burgess, E. W., and Locke, M. W. (1945). *Husbands and Wives: The first Family From Institution to Companionship.* New York: American Books.

Burgess, R. L. (1981). Relationships in the marriage. In *Personal Relationships,* ed. W. Duck and R. Gilmore, pp. 251-255. New York: Academic.

Chasin, R., Roth, S., and Bograd, M. (1989). Action methods in systemic therapy: dramatizing ideal future and reformed pasts with couples. *Family Process* 28(1):121-136.

Compernolle, T. (1981). J. L. Moreno: an unrecognized pioneer of family therapy. *Family Process* 20:331-335.

Cutler, B., and Dyer, W. (1973). Initial adjustment process in young, married couples. In *Lave, Marriage, Family: A Developmental Approach,* ed. M. Lasswell and T Lasswell, pp. 475-489. Glenview, NY: Scott Foresman and Company.

Dicks, H. U. (1967). *Marital Tensions.* London: Routledge.

Duvall, E. (1967). *Family Development.* Philadelphia: Lippincott.

Ellis, A. (1949). A study of human love relationships. *Journal of Gene-tic* Psychology 75:61-71.

Erhardt, A., and Money, J. (1980). *Gender Identity, Man and Woman, Boy and Girl.* New York: New York University Press.

Erickson, M. H. (1950). Indirect hypnotic therapy of a bed wetting couple. *Journal of Clinical and Experiential Hypnosis* 12: 171-174.

Fairbairn, W. R. D. (1954). *An Object Relations Therapy of Personality.* New York: Basic Books.

Framo, J. L. (1981). The integration of marital therapy with sessions with families of origin. In *Handbook Of Family Therapy,* ed. A. S. Gurman and D. P Knisken, pp. 133-158. New York: Brunner/ Mazel.

------- (1990). Integrated families of origin into couples therapy. In *One Couple/Four Realities: Multiple Perspectives On. Couples Therapy,* ed. R. Chasin, H. Grunebaum and M. Herzig, pp. 49-82. New York: Guilford.

Frank, L. K. (1961). *The Conduct of Sex.* New York: Grove.

Freud, S. (1900). *The Interpretation of Dreams.* London: Hogarth Press.

------- (1905). *Three Essays on the Theory of Sexuality.* New York: Basic Books.

Fromm, E. (1956). *The Art Of Loving.* New York: Harper and Row.

Gibran, K. (1927). *The Prophet.* New York: Knopf.

Giovacchini, P. L. (1965). Treatment of marital disharmonies: The classical approach. *International Journal of Group Psychotherapy* 18: 185-202.

Glick, R. D., Clarkin, J. F., and Kessler, D. R. (1987a). The content of family evaluation. In *Marital and Family Therapy,* 3rd ed., pp. 128-139. New York: Grune & Stratton.

- ----- (1987b). Family treatment. In *Marital and Family Therapy,* 3rd ed., pp. 167-187. New York: Grune & Stratton.

------- (1987c). Formulating and understanding family problem areas. In *Marital and Family Therapy,* 3rd ed., pp. 140-157. New York: Grune & Stratton.

------ (1987d). The functional family. In *Marital and Family Therapy,* 3rd ed., pp. 45-110. New York: Grune & Stratton.

Grunebaum, H. (1976). Some thoughts on love, sex, and commitment. *Journal of Sex and Marital Therapy* 2:277-283.

Guerin, P. J., Fay, L. F., Burden, S. L., and Kautto, J. G. (1987). *The Evaluation and Treatment of Marital Conflict.* New York: Basic Books.

Gullick, E. L. (1983). The marital relationship: adapting an old model to contemporary needs. In *Treatment Interventions in Human Sexuality,* ed. C. C. Nadelson and D. B. Marcotte, pp. 377-420. New York: Plenum.

Gurman, A. S. (1978). Contemporary marital therapies: analysis of psychoanalytic behavioral and systems theory approaches. In *Marriage and Marital Therapy,* ed. T J. Paolino and B. S. McGrady, pp. 595-608. NewYork: Brunner/Mazel.

Gurman, A. S., and Kniskern, D. P. (1981). Family therapy research: knowing and intent. In *Handbook of Family Therapy,* ed. A. S. Gurman and D. P Kniskern, pp. 742-776. New York: Brunner/Mazel.

Hale, A. E. (1981). The role diagram expanded. In *Conducting Clinical Sociometric Explorations: A Manual for Sociometrists and Psychodramatists.* Roanoke, VA: A. E. Hale.

Haley, J. (1963). *Strategy of Psychotherapy.* New York: Grune & Stratton.

------- (1976). *Uncommon Therapy: The Psychiatric Techniques of Milton H. Erickson, M.D.* New York: Norton.

Hart, J. (1974). An outline of basic postulates of sociometry. *Journal of Psychotherapy, Sociometry And Psychodrama* 33:63-69.

Hendricks, G., and Hendricks, K. (1990). *Conscious Loving.* New York: Bantam Books.

Hendrix, H. (1980). *Getting the Love You Want.* New York: Harper and Row.

Hill, C. T., Rubin, Z., and Deplau, L. A. (1976). Breakups before marriage: the end of affairs. In *Divorce and Separation,* ed. G. Levinger and O. Moles. New York: Basic Books.

Hollander, S. E. (1974). Social atom: an alternative to imprisonment. *Journal of Group Psychotherapy* 27:172-183.

------- (1978). *An Introduction to Sociogram Construction.* Denver:

Lion Press.

------- (1983). Comparative family systems. Journal of Group Psycho-
therapy, *Psychodrama and Sociometry* 36(1):1-12.

Hudgins, K., and Kiesler, D. J. (1984). *Instructional Manual for Doub-
ling in Individual Therapy.* Richmond: Virginia Commonwealth
University.

Jackson, D. D. (1965). Family-marital quid pro quo. *Archives of Ge-
neral Psychiatry* 12: 589-694.

------- ed. (1970). *Communication, Families and Marriage.* Palo Alto,
CA: Science and Behavior Books.

Jackson, D. D., and Lederer, W. L. (1973). Sex in marriage. In *Love,
Marriage, Family: A Developmental Approach,* ed. M. Lasswell
and T. Lasswell, pp. 296-301. Glenview, NY Scott Foresman.

Jackson, D. D., Risken, J., and Satir, V. (1961). A method of analysis of
a family interview. *Archives of General Psychiatry* 5:332-339.

Jacobson, N., et al. (1982). Reactivity to positive and negative behavi-
ors in distress and undistressed married couples. *Journal of Con-
sulting Clinical Psychology* 50:706-714.

------- (1985). A component analysis of behavioral marital therapy one
year follow-up. *Behavior Research and Therapy* 23:49-555.

Jacobson, N., and Margolin, G. (1979). *Marital Therapy: Strategies
Based on Several Learning and Behavior Exchange Principles.*
New York: Brunner/Mazel.

Jennings, H. H. (1943). Leadership and Isolation: A Study of Personality in Interpersonal Relations. New York: Longmens.

Johnson, J. R., and Campbell, L. E. (1988). *Impasses of Divorce in the Dynamics and Resolution of Family Conflicts.* New York: Free Press.

Karpel, M. (1980). Family secrets: 1. Conceptual and ethical issues in the relationship context; 11. Ethical and practical issues in therapeutic management. *Family Process* 19:295-306.

Katz, S. J., and Liu, A. E. (1991). *The Codependency Conspiracy: How to Break the Recovery Habit and Take Charge of Your Life.* New York: Warner Books.

Kautto, J. G., Leo, F. F., and Guerin, P. J. (1987). *The Evaluation and Treatment of Marital Conflict.* New York: Basic Books.

Kinsey, C., et al. (1953). *Sexual Behavior in the Human Male.* Philadelphia: W. B. Saunders.

Klein, M. (1969, 1973). Mourning and its relation to mania and depression states. In *The Interpretation of Death,* ed. H. Ruitenbeck, pp. 114-125. Northvale, NJ: Jason Aronson.

Kniskern, D. P, and Gurman, A. S. (1978). Research on marital family therapy: Progress, perspective and prospect. In *Handbook of Psychotherapy and Behavior Change,* S. L. Garfield and A. E. Bergin (eds.) (2nd ed). New York: Wiley.

------- (1981). *Handbook of Family Therapy.* New York: Brunner/Mazel.

Lawson, A. (1988). Personal correspondence in Brown, E. M., *Patterns of Infidelity and Their Treatment.* New York: Brunner/Hazel.

LeFrancois, G. R. (1984). Life stage choices. In *The Life Span,* pp. 416-419. Belmont, CA: Wadsworth.

Lerner, H. G. (1989). *The Dance of Intimacy: A Woman's Guide to Courageous Acts of Change in Key Relationships.* New York: Harper and Row.

Lewis, H. B. (1979). Gender identity: primary narcissism for primary process. *Bulletin of the Menninger Clinic* 43(2):145-160.

Linton, R. (1936). *The Study of Man.* New York: Appleton Century Press.

Marineau, R. F. (1989). *Jacob Levy Moreno* 1889-1974. New York: Routledge.

Markman, M. (1979). Application of a behavioral model of marriage in predicting relationship satisfaction of couples planning marriage. *Journal of Consulting and Clinical Psychology* 47:743-749.

Masters, W. H., and Johnson, V E. (1963). *Human Sexuality.* Boston: Little, Brown.

------- (1976). *The Pleasure Bond: A New Look at Sexuality and Commitment.* New York: Bantam.

Mittlemann, B. (1948). The concurrent analysis of couples. *Psychoanalytic Quarterly* 17:182-197.

Minuchin, S., and Fishman, H. C. *Family Therapy Techniques.* Cambridge, MA: Harvard University Press.

Moreno, J. L. (1914). *Einladung Zu Einer Begegnung.* Vienna: Anzergruber Verlag.

------ (1915). *An Invitation To An Encounter.* New York: Beacon House.

------ (1916). *Das Testament des Schweigens (Philosophy of Silence).* Vienna: Anzengruber Verlag.

------ (1923). Intermediate (in situ) sociometry. In *Psychodrama II,* pp. 124-163. New York: Beacon House.

------ (1934). *Who Shall Survive.* New York: Beacon House.

------ (1937a). Psychology of interpersonal relations. *Journal of Sociometry* 1:3-5.

------ (1937b). Intermediate (in situ) treatment of a marital triangle. *Sociatry* 1:124-163. Reprinted in J. L. Moreno, *Psychodrama,* Volume 3. New York: Beacon House.

------ (1939). Psychodramatic shock therapy: a sociometric approach to the problem of mental disorders. *Sociometry,* Vol. 1, No. 1, p. 5.

------ (1940). The psychodramatic treatment of marriage problems. *Journal of Sociometry* 3:1-23.

------ (1945). Role tests and role diagrams of children. *Journal of Sociometry* Vol. 3, p. 10.

------ (1946a). Situation tests. *Sociometry,* Vol. IX, No. 2, p. 3.

------ (1946b). *Psychodrama: Volume One.* New York: Beacon House.

------ (1947). *The Theatre of Spontaneity.* New York: Beacon House.

------ (1952). Psychodramatic production techniques. *Journal of Group Psychotherapy, Psychodrama and Sociometry* 4:273-303.

------- (1953). *Who Shall Survive? A New Approach to the Problem of Human Interrelations.* Washington, DC: Nervous and Mental Disease Publishing Company.

------- (1956). *Sociometry and the Science of Man.* New York: Beacon House.

------- (1960). *The Sociometry Reader.* New York: Free Press.

------- (1966). The creativity theory of personality, spontaneity, creativity, and human potentials. *New York University Bulletin. Arts and Science* 164.

------- (1969). Psychodramatic rules, techniques and adjunctive methods. *Journal of Group Psychotherapy* 22:213-219.

------- (1975). Mental catharsis and the psychodrama. *Journal of Group Psychodrama and Group Psychotherapy* 26(3-4): 5-32.

------- (1977). Role testing for a marriage. In *Psychodrama,* Volume 1, pp. 153-176. New York: Beacon House.

------- (1987). Psychodrama, role theory and the concept of social atom. In *The Evolution of Psychotherapy,* ed. J. K. Zeis, pp. 170-179. New York: Brunner/Hazel.

Moreno, J. L., and Moreno, Z. T. (1938). Interpersonal therapy and psychotherapy of interpersonal relationships. *Sociometry II,* 4:25-31.

------- (1941). *Words of the Father.* New York: Beacon House.

------- (1969a). *Psychodrama,* Volume 3. New York: Beacon House.

------- (1969b). Psychodrama of a marriage: first session. In *Psychodrama,* Volume 3, 2nd ed., pp. 16-17. New York: Beacon House.

------- (1975). *Psychodrama,* Volume 2. New York: Beacon House.

Moustakas, C. (1972). *Loneliness And Love.* Englewood Cliffs, NJ: Prentice-Hall.

Murstein, B. (1974). *Lave, Sex and Marriage Through The Ages.* New York: Springer.

Nadelson, C., et al. (1983). Conjoint marital psychotherapy treatment and techniques. *Journal of Diseases of the Nervous System* 3: 253-259.

Napier, A. Y. (1978). The rejection-intrusion pattern: A central dynamic. *Journal of Marriage and Family Counseling* 4:4-5.

National Center for Health Statistics (1986). Washington, DC: U.S. Government Printing Office.

Norton, A. J., and Glick, P C. (1979). Marital instability in America: past, present and future. In *Divorce and Separation: Context, Causes and Consequences,* ed. G. Levinger and O. C. Moles, pp. 3-37. Orlando, FL: Basic Books.

Olsen, D. H., Portner, J., and Bell, R. (1952). Marriage and sex life. In *Sexual Adjustment in Marriage,* pp. 38-59. New York: Henry Holt.

------ (1983). Faces II items. In *Marriage and Family Assessment: A Sourcebook for Family Therapy,* ed. E. E. Felsinger, pp. 250-279. Beverly Hills: Sage Publications.

Lapp, P. (1983). *The Process of Change.* New York: Guilford.

Paul, N. L. and Paul, B. B. A. (1975). *Marital Puzzle.* New York: Norton.

Penn, P. (1982). Circular questioning. *Family Process* 21:265-280.

Perez, P. (1975). Personal interaction for married couples. *Acta Psiquiatriay Psicologica de America,* Latina: 2.

Pollis, C. (1969). Dating involvement and patterns of idealization: a test of Walter's hypothesis. *Journal of Marriage and Family Therapy,* November, p. 770.

Prochasker, J. O., and Prochasker, R. S. (1978). Toward the development of an interpersonal approach. In *Focus of Brief Therapy,* ed. S. Budner, pp. 415-457. New York: Guilford.

Rappaport, R. (1964). Normal crisis, family structures, and mental health. *Family Process* 2:68-80.

Roger, C. R. (1975). An unappreciated way of being. *Counseling Psychologist* 5:2-10.

Rollin, E., and Feldman, H. (1973). Marital satisfaction over the family life cycle. In *Love, Marriage, Family: A Developmental Approach,* ed. M. LasweU and T Laswell, pp. 321-324. Glenview, NY: Scott Foresman.

Rubin, Z., et al. (1979). Breakups before marriage: the end of 103 affairs. In *Divorce and Separation: Context, Causes and Consequences,* ed. G. Levinger and O. Moles, pp. 54-83. New York: Basic Books.

Sager, C. J. (1974). Sexual dysfunctions and marital therapy. In *The New Sex Therapy,* ed. H. S. Kaplan. New York: Brunner/Mazel.

------- (1974-1976). *Marriage Contracts and Couples Therapy.* New

York: Brunner/Mazel.

------- (1976). The role of sex therapy in marital therapy. *American Journal of Psychiatry* 133:55-550.

Sager, C. *(1981).* Couples therapy and marriage contracts. In *Marital and Family Therapy* (3rd ed.), ed. I. D. Glick, J. F. Clarkin, and D. R. Kessler. Orlando, FL: Grune & Stratton.

Scarf, M. (1987). *Intimate Partners.* New York: Random House.

Schnarch, D. M. (1991). *Constructing the Sexual Crucible.* New York: Norton.

Schulz, D. A. (1981). *Marriage, The Family and Personal Fulfillment.* Englewood: Prentice-Hall.

Sherman, R. and Friedman, N. (1986). *Handbook of Structural Techniques in Marriage: Family Therapy.* New York: Norton.

Siroka, R. (1987, 1988, 1989, 1990, 1991, 1992, 1993). *Individual Supervision.* New York: pp. 107, No. 2.

Skynner, A. C. (1976). *Systems of Family and Marital Psychotherapy.* New York: Brunner/Mazel.

Solomon, L., and Grunnebaum, H. (1982). Stages in Social Development. *Hillside Journal of Clinical Psychiatry* 4:95-126.

Solomon, M. F. (1981). *Narcissism and Intimacy.* New York: Norton.

Stanton, M. (1981). An integrated structural-strategic approach of family therapy. *Journal of Marital and Family Therapy* 7:427-429.

Stein, M. B., and Callahan, M. L. (1982). The use of psychodrama in individual psychotherapy. *Journal of Group Psychotherapy, Psycho-*

405

drama and Sociometry 35: 1-29.

Stone, J. (1990). Who is most likely to remarry. In *The Extramarital Affair*, pp. 13-57. New York: Free Press.

Strean, H. S. (1980). *The Extramarital Affair.* New York: Free Press.

Stuart, R. B. (1976). An operant interpersonal psychotherapy for couples. In *Treating Relationships,* ed. D. H. L. Olsen, pp. 327 - 351. Lake Hills, NY: Alpine.

Stuart, R. B., and Stuart, B. J. (1985). *Second Marriage.* New York: Norton.

Stuckert, R. P (1973). Role perception and marital satisfaction: a configuration approach. In *Love, Marriage, Family: A Developmental Approach,* ed. Lasswell and Lasswell, pp. 377-381. Glenview, NY Scott Foresman.

Taylor, J. (1977). *Investigative Studies of the Social Atom.* Unpublished manuscript. St. Elizabeth Hospital requirement for residency.

Tharp, R. G. (1963). Psychological patterning in marriage. *Journal of Marriage and Family Living* 60:97-117.

Toeman, Z. (1948). The double situation in psychodrama psychiatry. *Journal of Group and Intergroup Therapy* 1(4):436-559.

Watzlawick, P (1978). *What is Change.* New York: Basic Books.

------- et al. (1967). *Pragmatics of Human Communications.* New York: Norton.

------- (1974). *Change: Principles of Problem Formation and Problem Resolution.* New York: Norton.

Weakland, J. H., et al. (1974). Brief therapy: focused problem reso-
lution. *Family Therapy* 13:41-168.

Weingarten, K. (1980). *What is Systemic Therapy?* Unpublished manu-
script, Family Institute of Cambridge, MA.

Weiss, R. L. (1975). Contract: cognition and change. A behavioral ap-
proach to marriage therapy. *Counseling Psychologist* 5:15-26.

Whitaker, D. A. (1975). Family therapist looks at marital therapy. In
Couples in Conflict: New Directions in Marital Therapy, ed. A. S.
Gurman and D. Rice. Northvale, NJ: Jason Aronson.

Williams, A. *The Passionate Technique.* New York: Tavistock/Rout-
ledge.

Yalom, I. D. (1975). *The Theory and Practice of Group Psychotherapy,*
2nd ed. New York: Basic Books.

永然法律事務所聲明啟事

　　本法律事務所受心理出版社之委任爲常年法律顧問，就其所出版之系列著作物，代表聲明均係受合法權益之保障，他人若未經該出版社之同意，逕以不法行爲侵害著作權者，本所當依法追究，俾維護其權益，特此聲明。

心理治療 30

演出派夫妻治療

作　　者：Joyce Ann Hayden-Seman

譯　　者：潘貞妮

執行主編：張毓如

總 編 輯：吳道愉

發 行 人：邱維城

出 版 者：心理出版社股份有限公司

社　　址：台北市和平東路二段 163 號 4 樓

總　　機：(02) 27069505

傳　　真：(02) 23254014

郵　　撥：19293172

　E-mail　：psychoco@ms15.hinet.net

駐美代表：Lisa Wu

　Tel　　：973 546-5845　　　Fax　：973 546-7651

法律顧問：李永然

登 記 證：局版北市業字第 1372 號

印 刷 者：翔勝印刷有限公司

初版一刷：2001 年 12 月

定價：新台幣 450 元

ISBN 957-702-483-1

國家圖書館出版品預行編目資料

演出派夫妻治療/ Joyce Hayden-Seman 作；
潘貞妮譯. – 初版. – 臺北市：心理，2001
〔民 90〕面 ；　公分. — （心理治療；30）
譯自：Action modality couples therapy:
using psychodramatic techniques in helping
troubled relationships
　ISBN 957-702-483-1(平裝)

1.　心理治療　　2.　家族治療

178.8　　　　　　　　　　　90019594

讀者意見回函卡

No._____   填寫日期： 年　月　日

感謝您購買本公司出版品。為提升我們的服務品質，請惠填以下資料寄回本社【或傳真(02)2325-4014】提供我們出書、修訂及辦活動之參考。您將不定期收到本公司最新出版及活動訊息。謝謝您！

姓名：_____　性別：1□男 2□女

職業：1□教師 2□學生 3□上班族 4□家庭主婦 5□自由業 6□其他_____

學歷：1□博士 2□碩士 3□大學 4□專科 5□高中 6□國中 7□國中以下

服務單位：_____　部門：_____職稱：_____

服務地址：_____電話：_____傳真：_____

住家地址：_____電話：_____傳真：_____

電子郵件地址：_____

書名：_____

一、您認為本書的優點：（可複選）

　❶□內容 ❷□文筆 ❸□校對 ❹□編排 ❺□封面 ❻□其他_____

二、您認為本書需再加強的地方：（可複選）

　❶□內容 ❷□文筆 ❸□校對 ❹□編排 ❺□封面 ❻□其他_____

三、您購買本書的消息來源：（請單選）

　❶□本公司 ❷□逛書局⇨_____書局 ❸□老師或親友介紹

　❹□書展⇨____書展 ❺□心理心雜誌 ❻□書評 ❼□其他_____

四、您希望我們舉辦何種活動：（可複選）

　❶□作者演講 ❷□研習會 ❸□研討會 ❹□書展 ❺□其他_____

五、您購買本書的原因：（可複選）

　❶□對主題感興趣 ❷□上課教材⇨課程名稱_____

　❸□舉辦活動 ❹□其他_____　　（請翻頁繼續）

心理出版社 股份有限公司

台北市 106 和平東路二段 163 號 4 樓

TEL:(02)2706-9505
FAX:(02)2325-4014
EMAIL:psychoco@ms15.hinet.net

沿線對折訂好後寄回

六、您希望我們多出版何種類型的書籍

　　❶□心理❷□輔導❸□教育❹□社工❺□測驗❻□其他

七、如果您是老師，是否有撰寫教科書的計劃：□有□無

　　書名/課程：＿＿＿＿＿＿＿＿＿＿＿＿＿＿＿＿＿＿＿＿＿＿＿

八、您教授/修習的課程：

上學期：＿＿＿＿＿＿＿＿＿＿＿＿＿＿＿＿＿＿＿＿＿＿＿＿

下學期：＿＿＿＿＿＿＿＿＿＿＿＿＿＿＿＿＿＿＿＿＿＿＿＿

進修班：＿＿＿＿＿＿＿＿＿＿＿＿＿＿＿＿＿＿＿＿＿＿＿＿

暑　假：＿＿＿＿＿＿＿＿＿＿＿＿＿＿＿＿＿＿＿＿＿＿＿＿

寒　假：＿＿＿＿＿＿＿＿＿＿＿＿＿＿＿＿＿＿＿＿＿＿＿＿

學分班：＿＿＿＿＿＿＿＿＿＿＿＿＿＿＿＿＿＿＿＿＿＿＿＿

九、您的其他意見

＿＿＿＿＿＿＿＿＿＿＿＿＿＿＿＿＿＿＿＿＿＿＿＿＿＿＿＿＿＿＿

謝謝您的指教！　　　　　　　　　　　　　　22030